선화예중 · 예원학교 역대 10년치 입시지정곡 모음

이탈리아 가곡 30선

ARIE ANTICHE

E COMPOSIZIONI
DA CAMERA ITALIANE

정수현 편저

아름다운음악아름다운인생
아름출판사

INDICE 차례 (ABC 순)

머리말

시와 음악의 만남, 예술가곡을 연주한다는 것은 시를 읽고 시인의 마음으로 음에 생명을 불어넣는 일입니다. 연주자의 감성과 해석이 더해져 더욱 풍부해지지만, 그에 앞서 작곡가의 의도를 정확히 이해했을 때 더욱 아름답고 호소력 짙은 연주를 할 수 있습니다.

이탈리아 가곡은 성악을 공부하는 사람에게 창법의 기본이 되고 음악성을 연마하는 성악 예술의 든든한 초석이 되기에 성악을 공부하는 사람에게는 필수적인 가곡으로서 기초 발성에 지대한 영향을 끼치는 중요한 위치에 있습니다.

아름다운 이탈리아 가곡들 중에서 성악을 처음 공부하는 단계에서 주로 불리우는 서울의 예술 중학교 두 곳의 역대 10년치 입시 지정곡 30곡을 모았습니다. 이탈리아 가곡을 공부하고 사랑하는 여러분에게 조금이나마 도움이 될 수 있기를 바라며 이 책을 펴냅니다.

편저자 정 수 현

Se nel ben GM

사랑에 빠질 때

Alessandro Stradella(1639 - 1682)
정수현 역

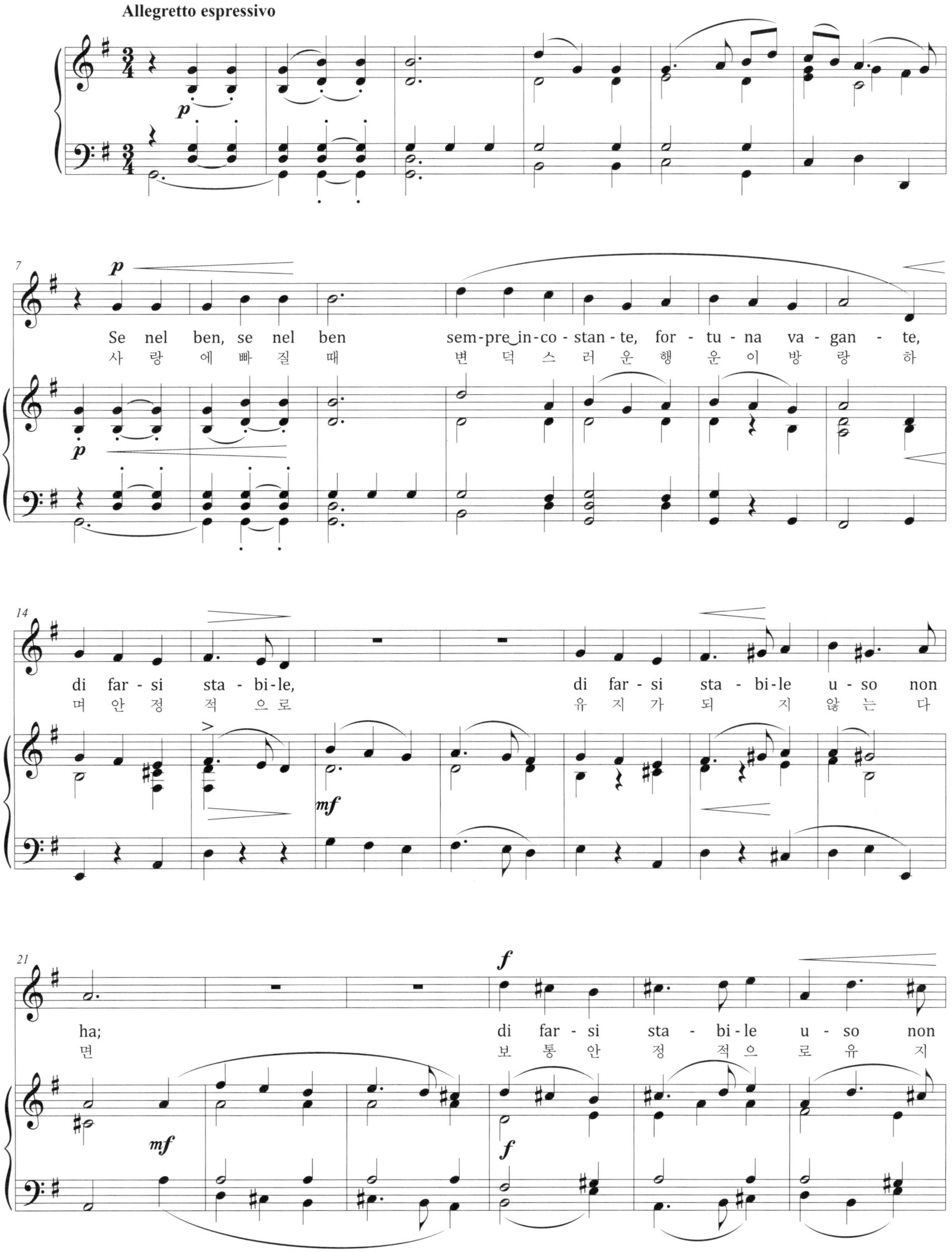

Allegretto espressivo

Se nel ben, se nel ben sem-pre_in-co-stan - te, for - tu - na va-gan - te,
사 랑 에 빠 질 때 변 덕 스 러 운 행 운 이 방 랑 하

di far - si sta - bi -le,   di far - si sta - bi -le u - so non
며 안 정 적 으로   유 지 가 되 지 않 는 다

ha;   di far - si sta - bi -le u - so non
면   보 통 안 정 적 으 로 유 지

Amarilli, mia bella gm

내 사랑 아마릴리

Giulio Caccini(1545 - 1618)
정수현 역

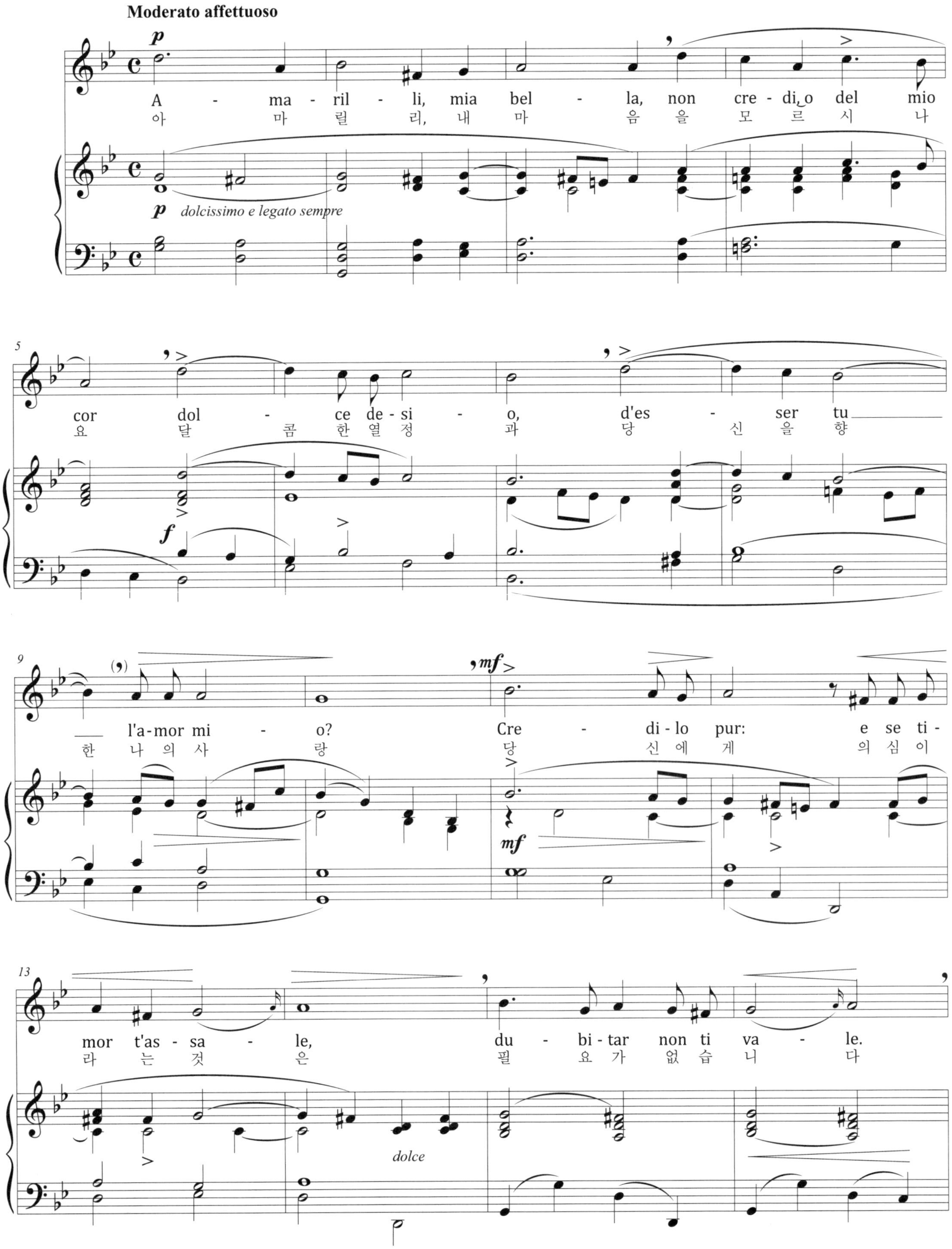

Moderato affettuoso

A - ma - ril - li, mia bel - la, non cre - di_o del mio
아 마 릴 리, 내 마 음 을 모 르 시 나

p dolcissimo e legato sempre

cor dol - ce de - si - o, d'es - ser tu
요 달 콤 한 열 정 과 당 신 을 향

l'a - mor mi - o? Cre - di - lo pur: e se ti -
한 나 의 사 랑 당 신 에 게 의 심 이

mor t'as - sa - le, du - bi - tar non ti va - le.
라 는 것 은 필 요 가 없 습 니 다

dolce

Amarilli, mia bella

내 사랑 아마릴리

Giulio Caccini(1545 - 1618)
정수현 역

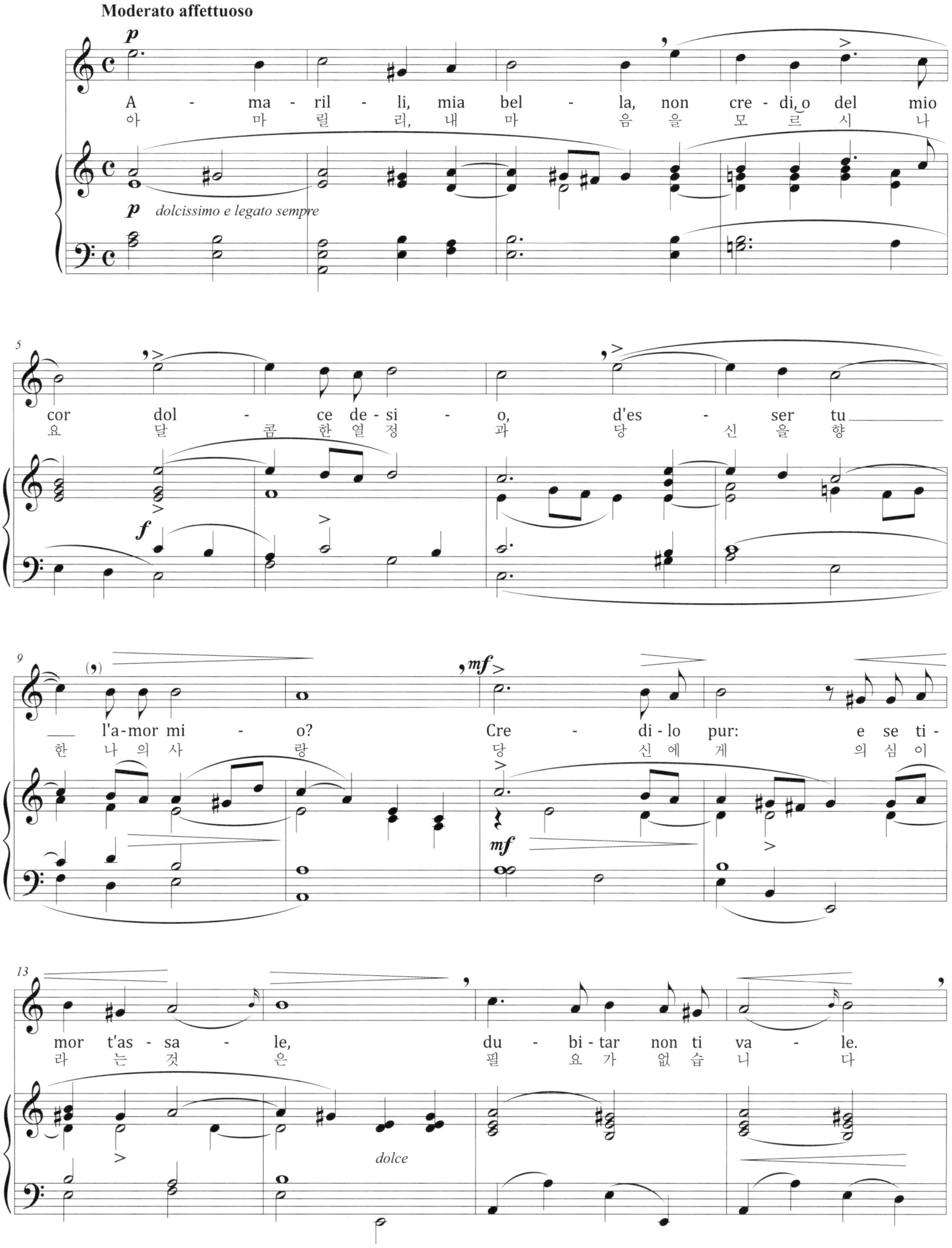

Moderato affettuoso

A - ma - ril - li, mia bel - la, non cre - di - o del mio
아 - 마 - 릴 - 리, 내 마 - 음 을 모 - 르 시 나

cor dol - ce de - si - o, d'es - ser tu
요 달 콤 한 열 정 과 당 신 을 향

dolcissimo e legato sempre

l'a - mor mi - o? Cre - di - lo pur: e se ti -
한 나 의 사 랑 당 신 에 게 의 심 이

mor t'as - sa - le, du - bi - tar non ti va - le.
라 는 것 은 필 요 가 없 습 니 다

dolce

Vittoria, mio core CM

내 마음의 승리

Giacomo Carissimi(1605 - 1674)
정수현 역

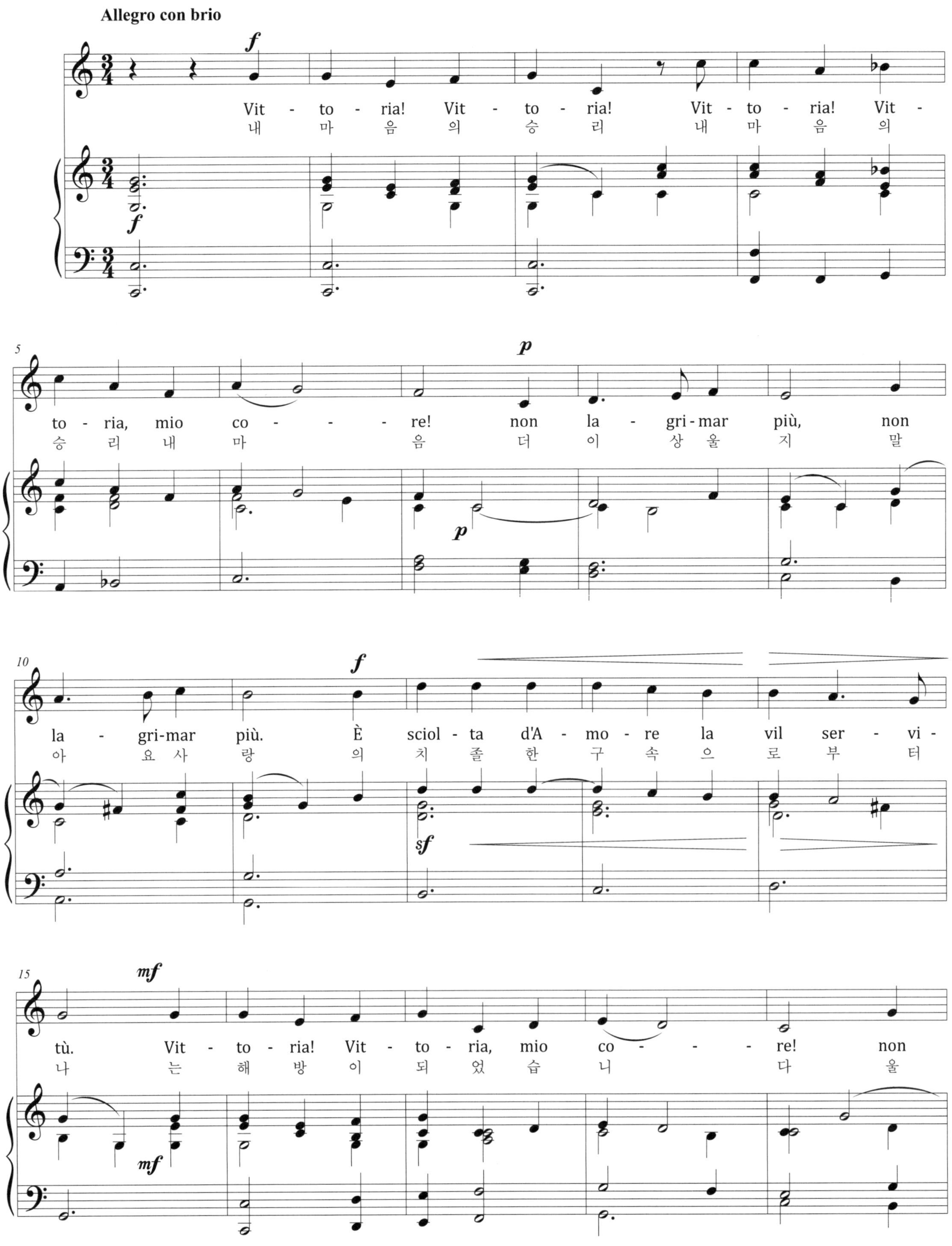

Allegro con brio

Vit - to - ria! Vit - to - ria! Vit - to - ria! Vit -
내 마 음 의 승 리 내 마 음 의

to - ria, mio co - - re! non la - gri - mar più, non
승 리 내 마 음 더 이 상 울 지 말

la - gri - mar più. È sciol - ta d'A - mo - re la vil ser - vi -
아 요 사 랑 의 치 졸 한 구 속 으 로 부 터

tù. Vit - to - ria! Vit - to - ria, mio co - - re! non
나 는 해 방 이 되 었 습 니 다 울

14

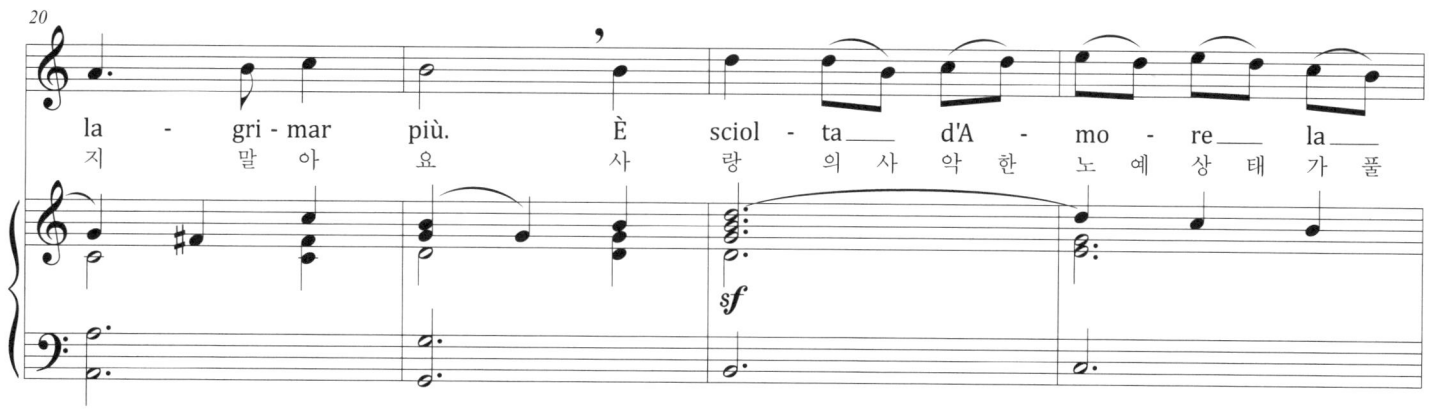

la - gri - mar più. È sciol - ta___ d'A - mo - re___ la___

지 말 아 요 사 랑 의 사 악 한 노 예 상 태 가 풀

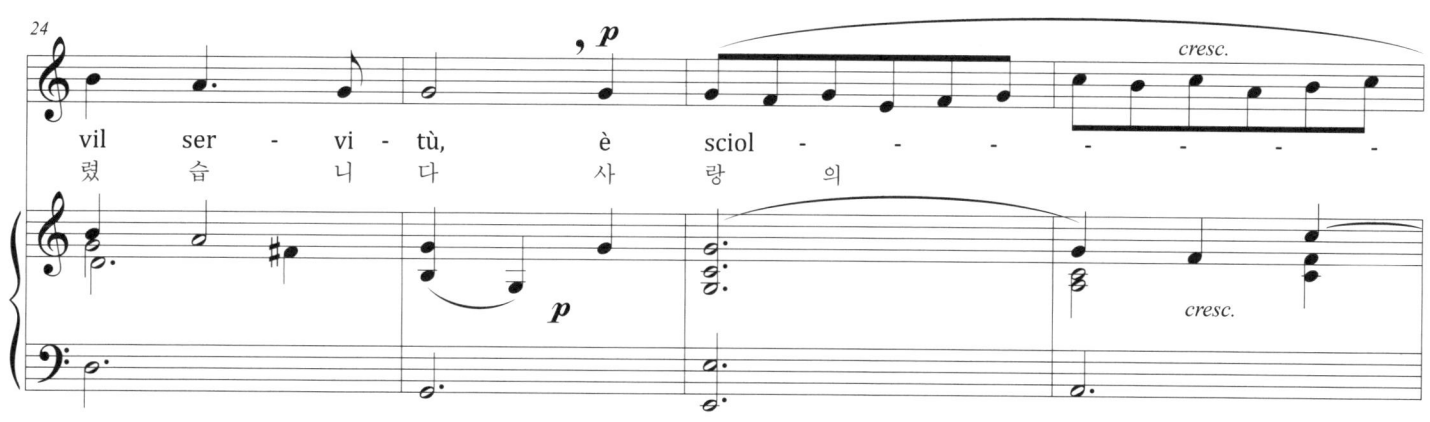

vil ser - vi - tù, è sciol - - - - - -

렸 습 니 다 사 랑 의

- - - - - - - - ta d'A - mo - re la

노 예 에 서 해 방 되

Meno mosso *e dolce assai*

ser - vi - tù, Già l'em - pia a' tuoi dan - ni fra

었 습 니 다 예 전 에 당 신 은 나

18

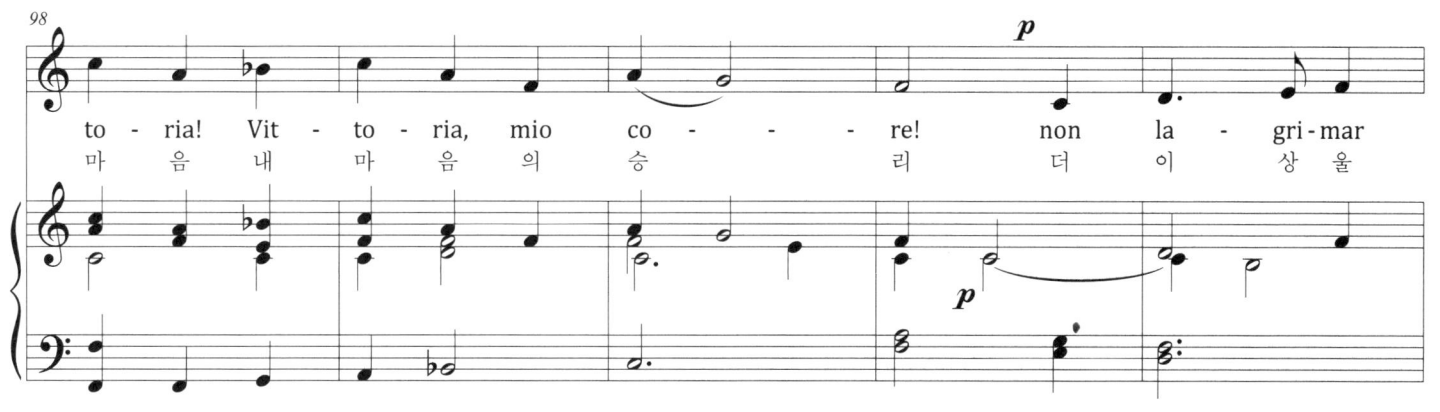

to - ria! Vit - to - ria, mio co - - - re! non la - gri - mar

마 음 내 마 음 의 승 - - - 리 더 이 상 울

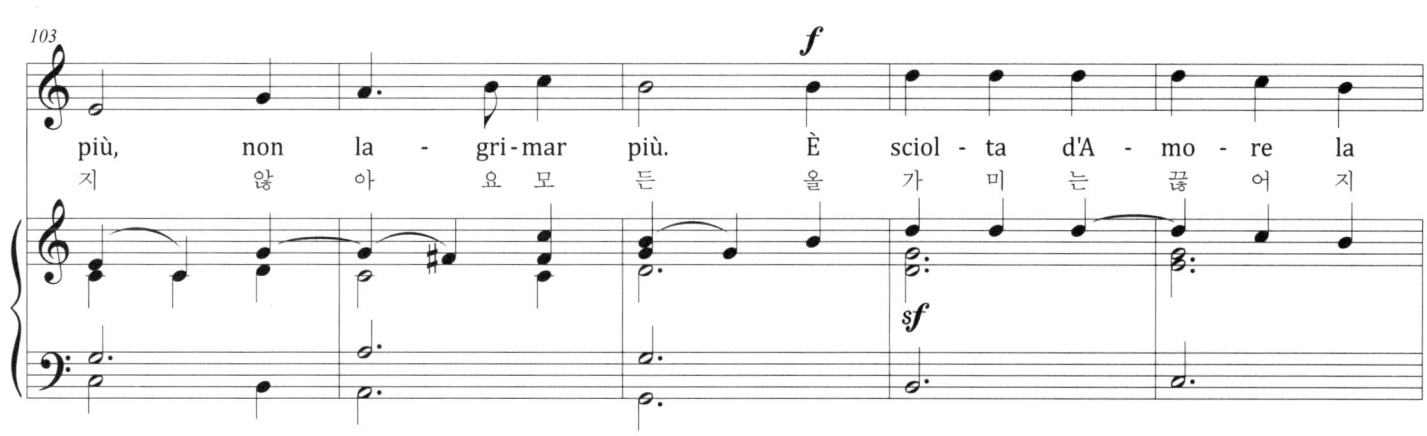

più, non la - gri - mar più. È sciol - ta d'A - mo - re la

지 않 아 요 모 든 올 가 미 는 끊 어 지

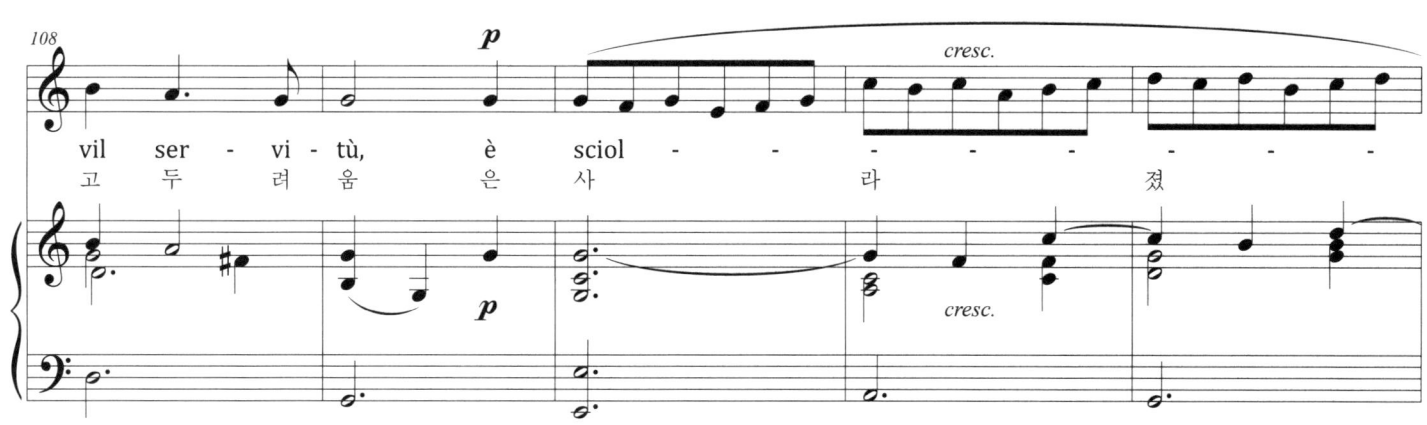

vil ser - vi - tù, è sciol - - - - - - - -

고 두 려 움 은 사 - 라 - 졌

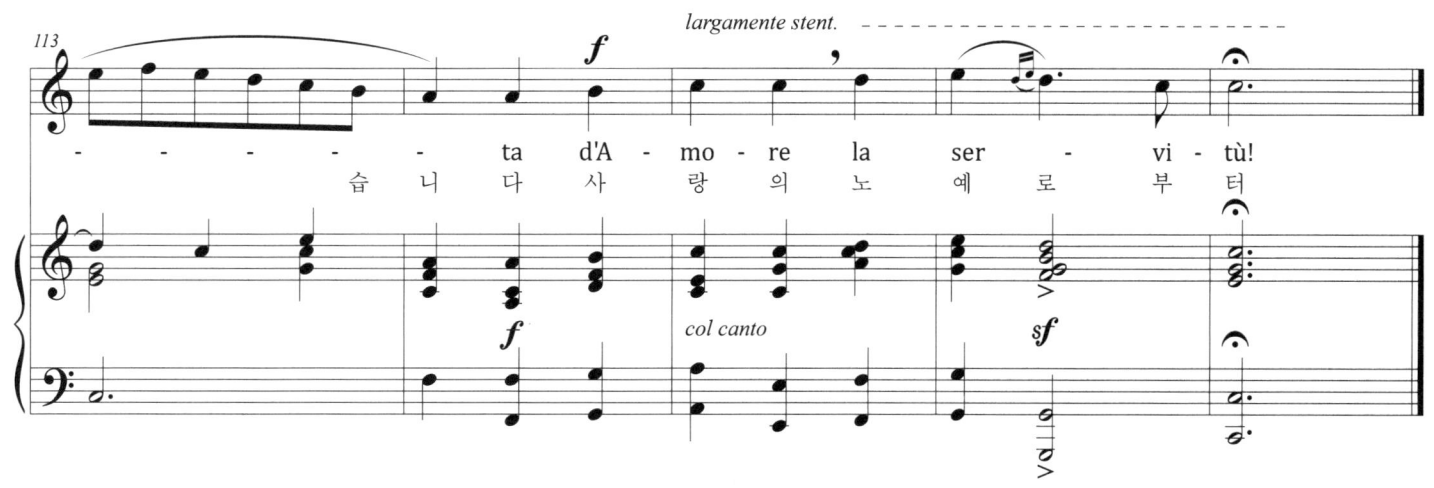

- - - - - ta d'A - mo - re la ser - vi - tù!

습 니 다 사 랑 의 노 예 로 부 터

Star vicino AM

사랑하는 님의 곁에 있음은

Salvator Rosa(1615 - 1673)
정수현 역

Andante moderato molto espressivo

Star vi - ci - no al bel - l'i - dol che s'a - ma,
사 랑 하 는 님 의 곁 에 있 음 은

è il più va - go di - let - to d'a - mor! È il più va -
사 랑 의 가 장 찬 란 한 기 쁨 가 장 찬 란 한

va - go

di - - - let - to, il più va - go di - let - to d'a - mor,
- - - go di - let - to, di - let - to d'a - mor, il più
사 랑 의 기 쁨 사 랑 의 기 쁨 찬 란

Star vicino B♭M

사랑하는 님의 곁에 있음은

Salvator Rosa(1615 - 1673)
정수현 역

Andante moderato molto espressivo

dolce, legato

poco cresc.

mf

p

dim.

p

Star vi - ci - no_al bel - l'i - dol che s'a - ma,
시 랑 히 는 님 외 곁 에 있 음 은

va - go

è_il più va - go di - let - to__ d'a - mor!__ È_il più va -
사 랑 의 가 장 찬 란 한 기 쁨 가 장 찬 란 한

p

- - - - let - to, il_più va go di - let - to d'a - mor,

p un poco rit.

- - - go di - let - to, di - let - to d'a - mor, il_più
사 랑 의 기 쁨 사 랑 의 기 쁨 찬 란

pp colla voce

Intorno all'idol mio gm

나의 님 계신 주위에

Antonio Cesti(1623 - 1669)
정수현 역

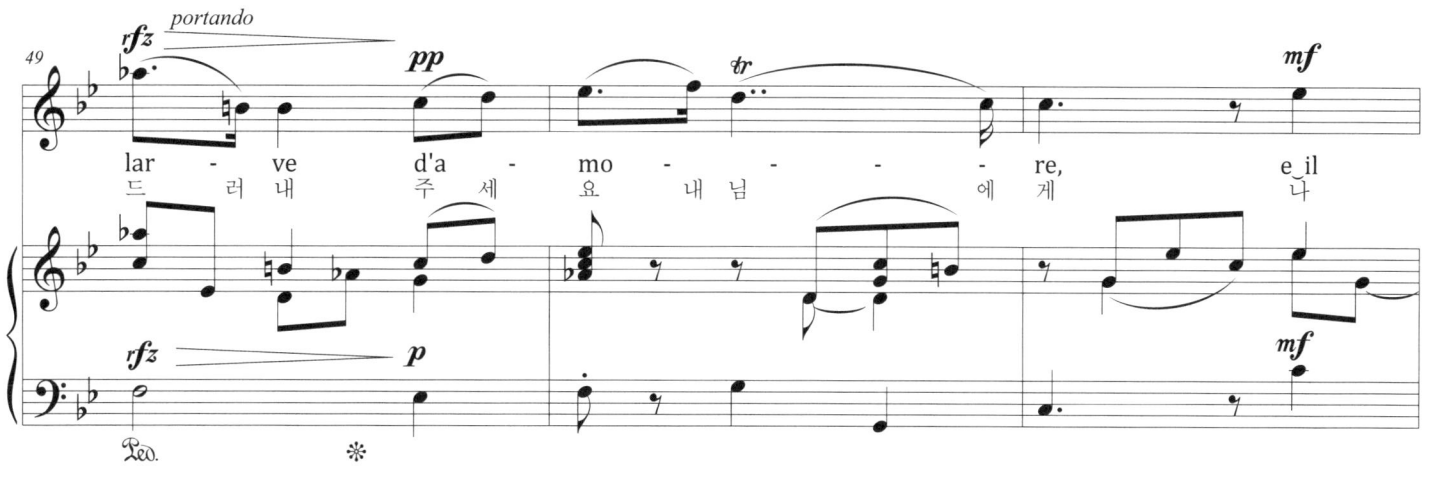

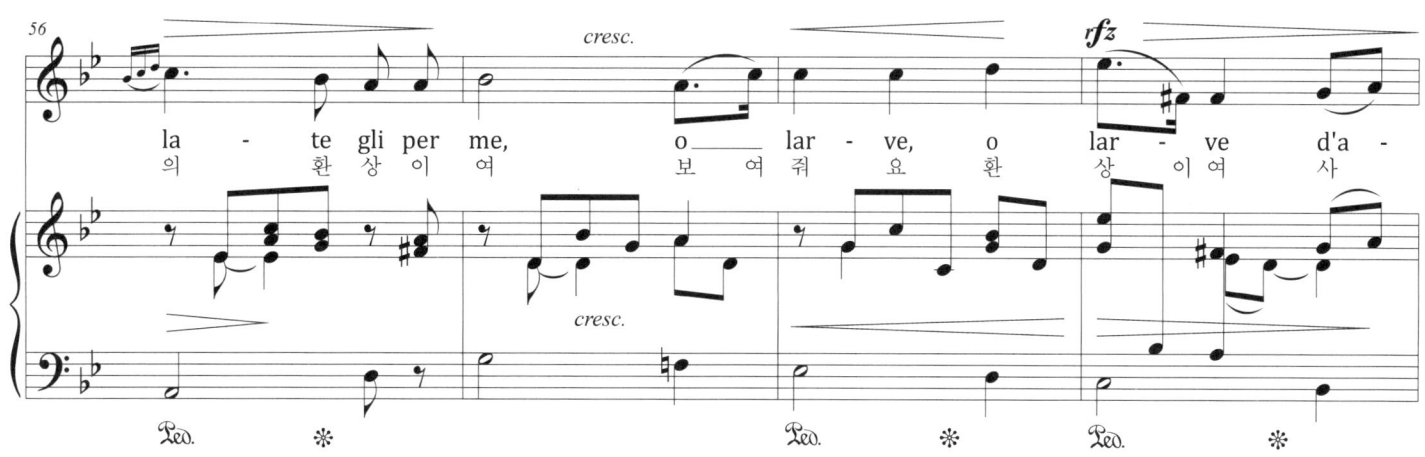

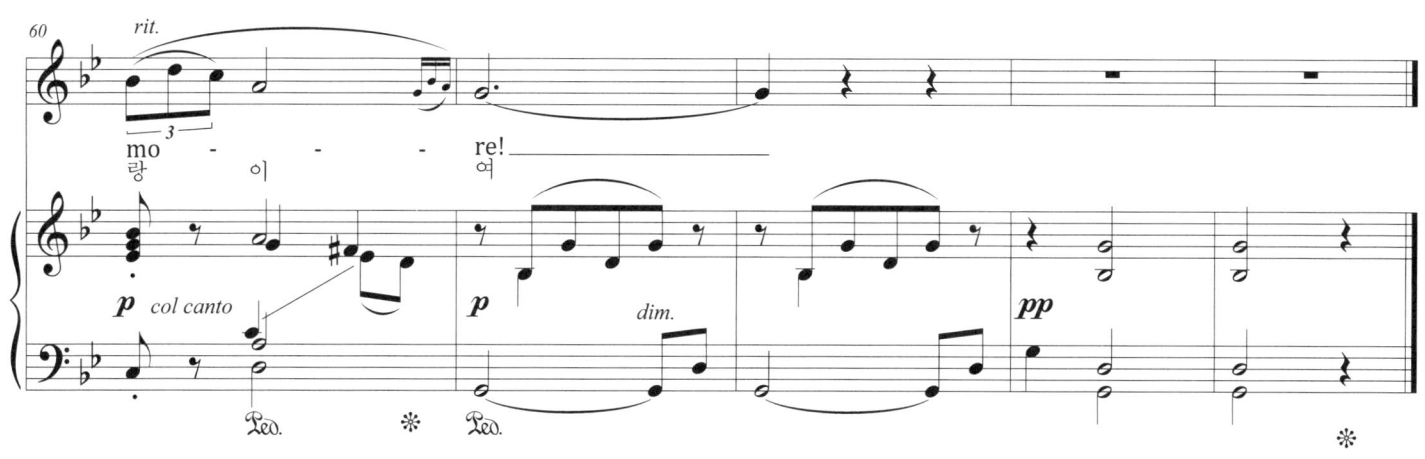

Tu lo sai EM

당신은 알아요

Giuseppe Torelli(1658 - 1709)
정수현 역

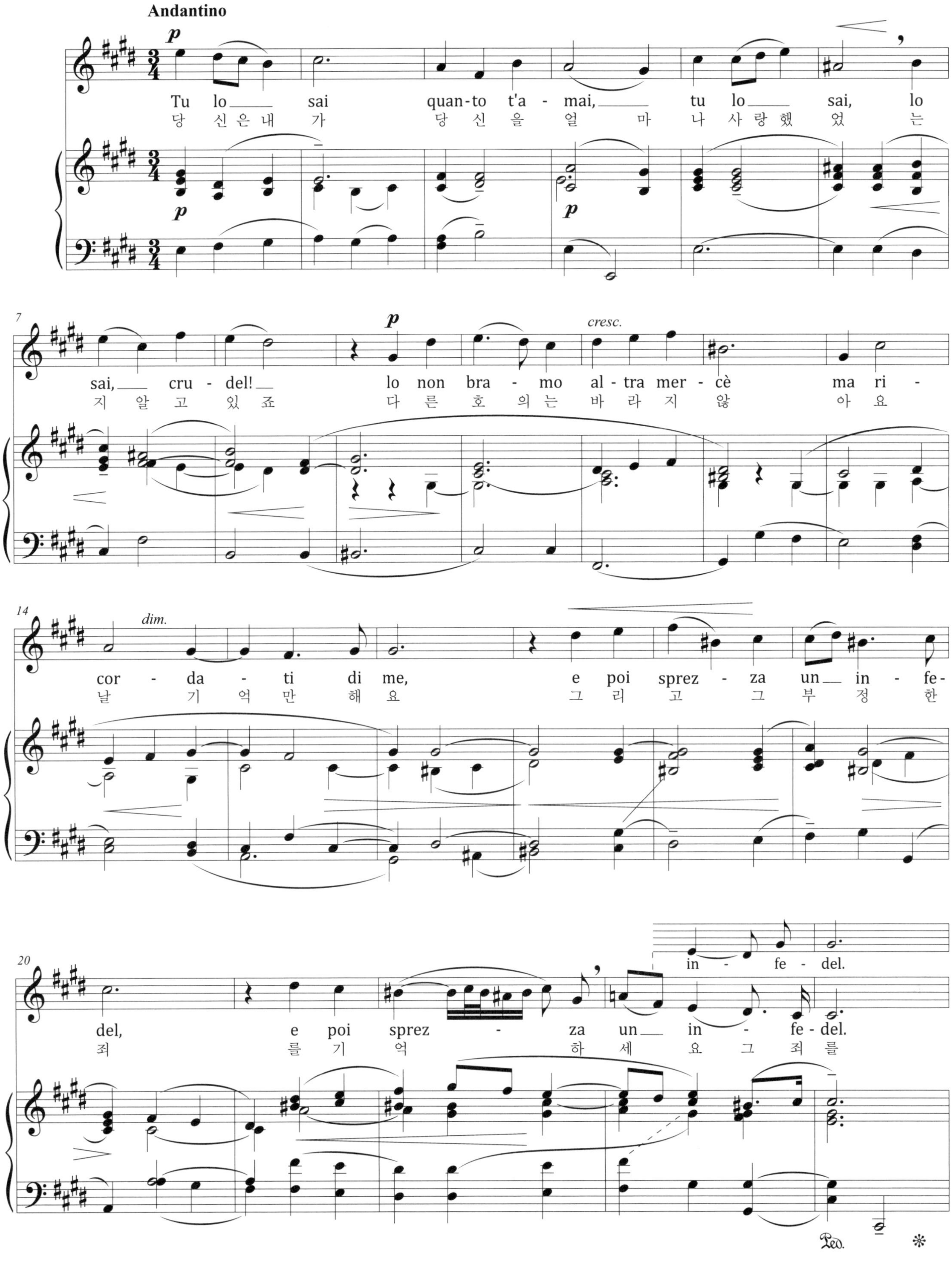

Andantino

Tu lo sai quan-to t'a-mai, tu lo sai, lo
당 신 은 내 가 당 신 을 얼 마 나 사 랑 했 었 는

sai, cru-del! lo non bra-mo al-tra mer-cè ma ri-
지 알 고 있 죠 다 른 호 의 는 바 라 지 않 아 요

cor-da-ti di me, e poi sprez-za un in-fe-
날 기 억 만 해 요 그 리 고 그 부 정 한

in - fe - del.

del, e poi sprez - za un in - fe - del.
죄 를 기 억 하 세 요 그 죄 를

28

Tu lo sai FM

당신은 알아요

Giuseppe Torelli(1658 - 1709)
정수현 역

Andantino

Tu lo sai quan-to t'a - mai, tu lo sai, lo
당 신 은 내 가 당 신 을 얼 마 나 사 랑 했 었 는

sai, cru - del! lo non bra - mo al - tra mer - cè ma ri -
지 알 고 있 죠 다 른 호 의 는 바 라 지 않 아 요

dim.

cor - da - ti di me, e poi sprez - za un in - fe -
날 기 억 만 해 요 그 리 고 그 부 정 한

in - fe - del.

del, e poi sprez - za un in - fe - del.
죄 를 기 억 하 세 요 그 죄 를

30

Già il sole dal Gange ♭AM

태양은 벌써 갠지스 강에

Alessandro Scarlatti(1660 - 1725)

정수현 역

Giá il so-le dal Gan-ge, giá il so-le dal

벌 써 태 양 은 갠 지 스 강 위 에 떠

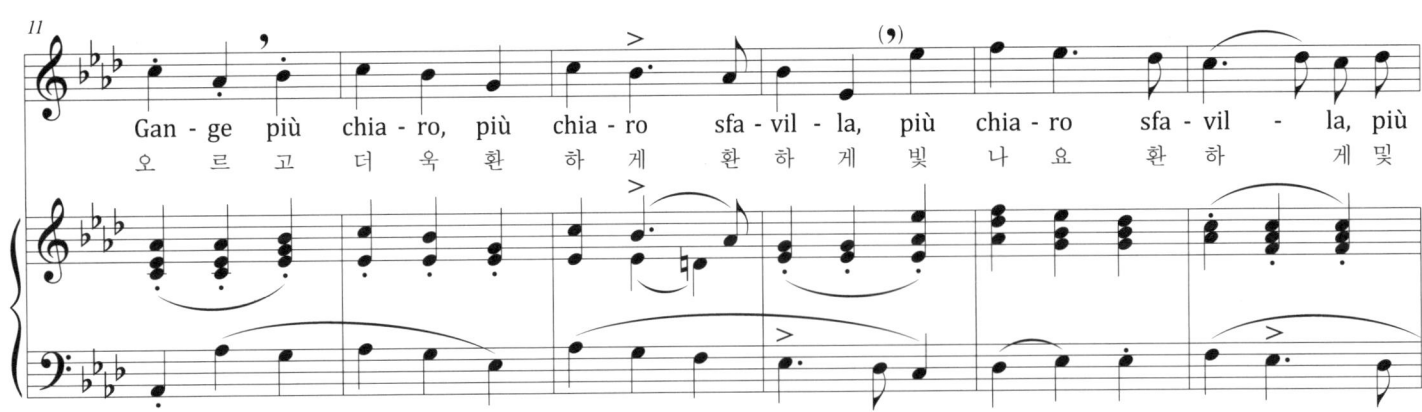

Gan-ge più chia-ro, più chia-ro sfa-vil-la, più chia-ro sfa-vil-la, più

오 르 고 더 욱 환 하 게 환 하 게 빛 나 요 환 하 게 및

chia-ro, più chia-ro sfa-vil - - la   e

나 요 환 하 게 빛 나 요   새

Le violette B♭M

제비꽃

Alessandro Scarlatti(1660 - 1725)
정수현 역

Ru-gia-do - se, o - do - ro - se, vi - o - let - te gra - zi -
이 슬 맺 힌 향 기 그 윽 한 귀 여 운 제 비

o - se, ru-gia-do - se, o - do - ro - se, vi - o - let - te gra - zi -
꽃 이 슬 맺 친 향 기 그 윽 한 귀 여 운 제 비

o - se, vi - o - let - te gra - zi - o - se Voi vi sta - te ver-go - gno - se
꽃 귀 여 운 제 비 꽃 은 수 줍 어 숨 어 있 어 요

36

Se Florindo è fedele A♭M

플로린도가 한 사람만 바라본다면

Alessandro Scarlatti(1660 - 1725)
정수현 역

Allegretto grazioso moderato assai

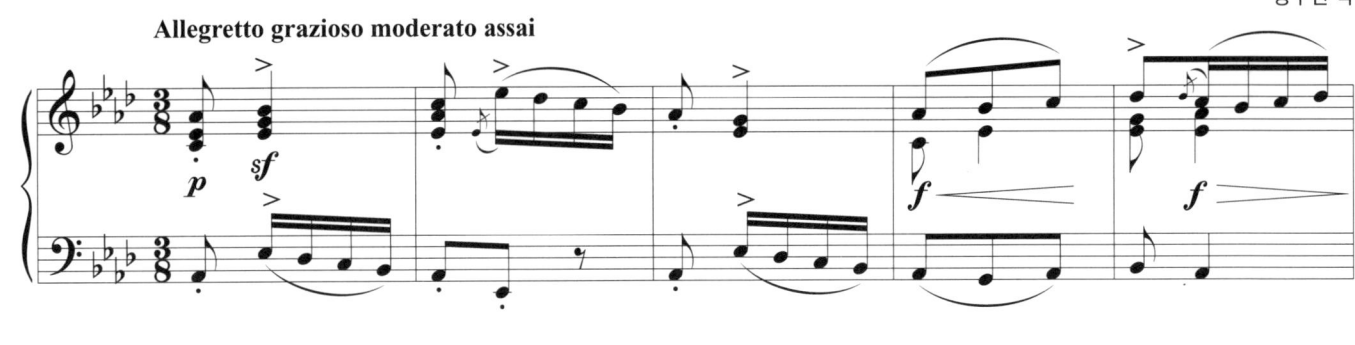

Se Flo - rin - do è fe - de - le io m'in - na -
플로린 도 가 지조 있 다 면 나 는 사

mo - re - rò, se Flo - rin - do è fe - de - le
랑 에 빠지겠죠 플로린 도 가 지조 있 다 면

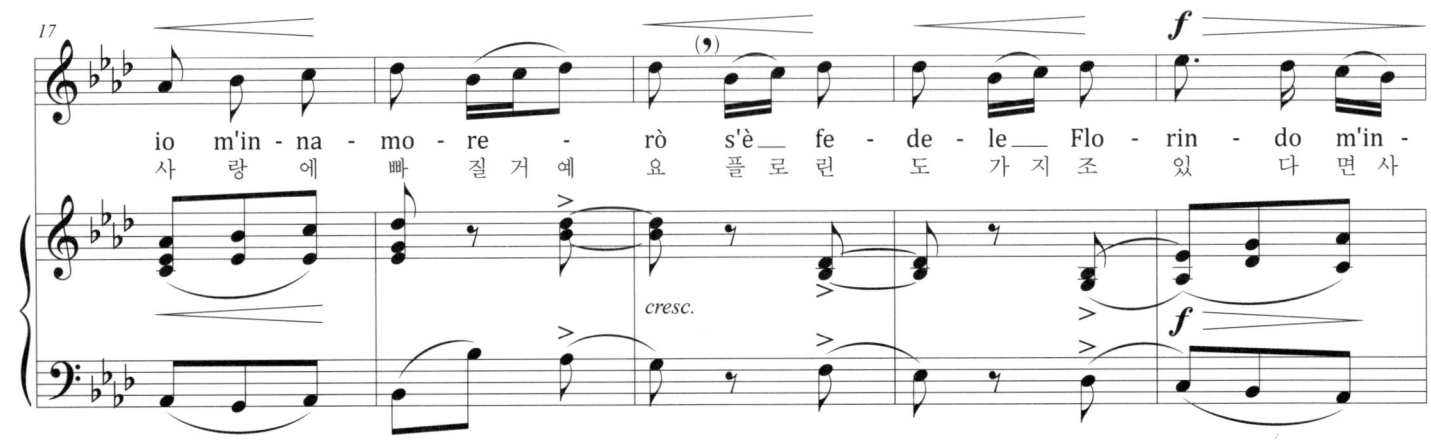

io m'in - na - mo - re - rò s'è - fe - de - le_ Flo - rin - do m'in -
사 랑 에 빠 질거예 요 플로린 도 가 지조 있 다 면사

41

Sento nel core fm

마음에 느껴지는

Alessandro Scarlatti(1660 - 1725)
정수현 역

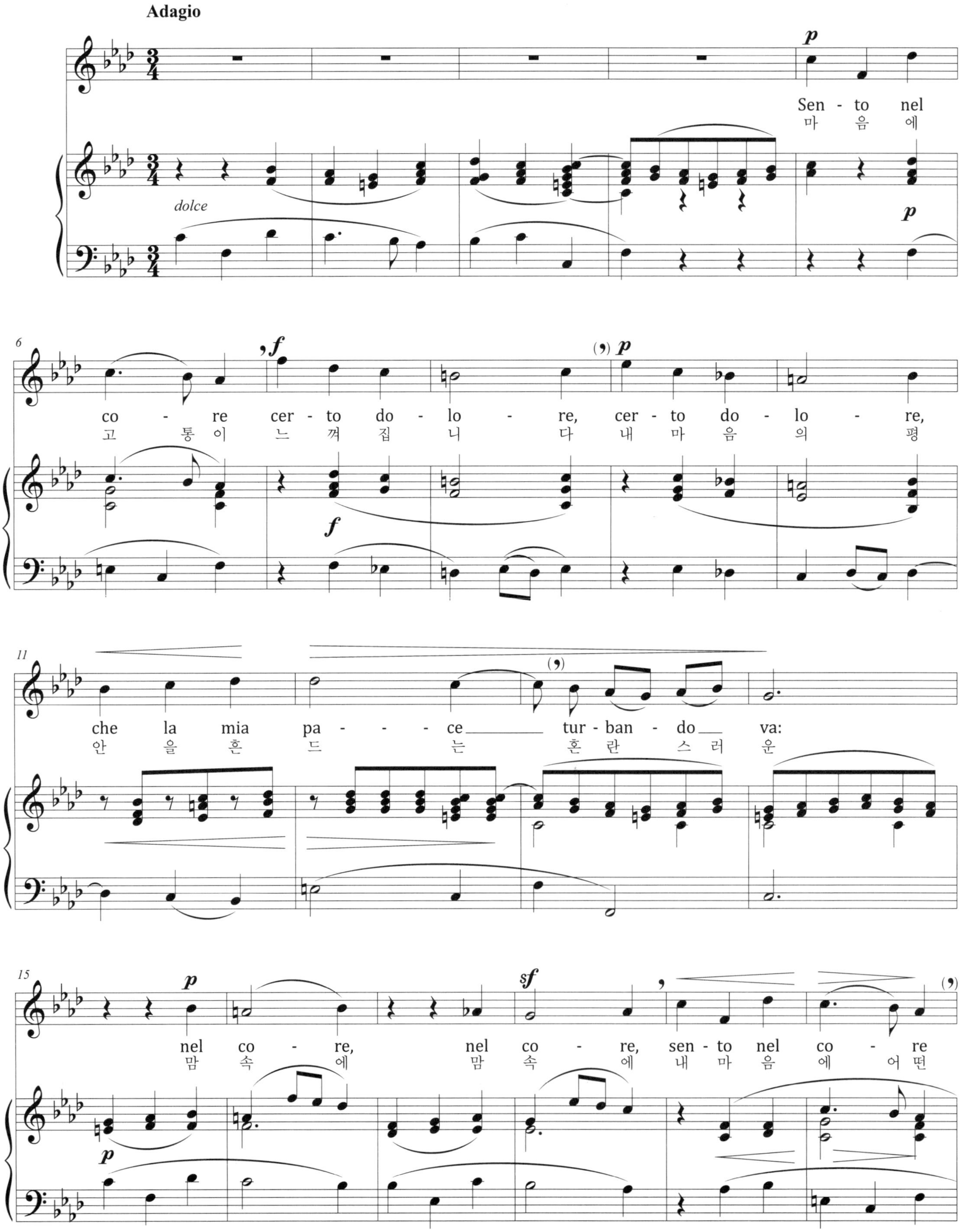

Adagio

dolce

Sen - to nel
마 음 에

co - re cer - to do - lo - re, cer - to do - lo - re,
고 통 이 느 껴 집 니 다 내 마 음 의 평

che la mia pa - - ce_____ tur - ban - do_____ va:
안 을 흔 드 는 혼 란 스 러 운

nel co - re, nel co - re, sen - to nel co - re
맘 속 에 맘 속 에 내 마 음 에 어 떤

44

cer - to do - lo - re, cer - to__ do - lo - re, che la__ mia
분 명 한 고 통 이 느 껴 져 요 나 의 평

pa - ce tur - ban - do va, che la mia pa - ce
안 을 어 지 럽 게 하 는 어 떤 슬 픔

tur - ban - do va.
을 느 낍 니 다

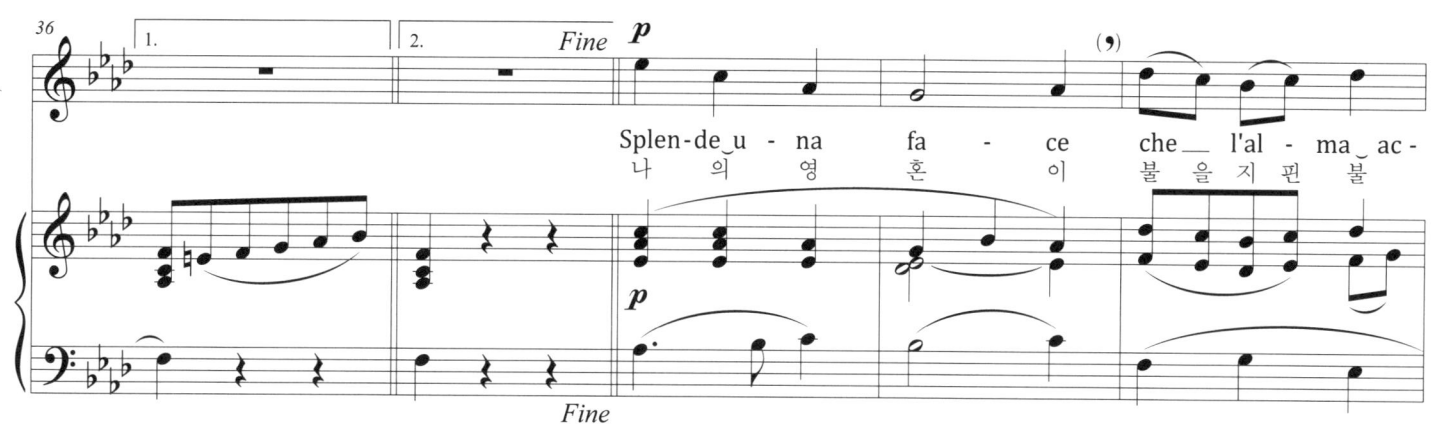

Splen-de u - na fa - ce che l'al - ma ac-
나 의 영 혼 이 불 을 지 핀 불

Fine

Son tutta duolo gm

가득찬 고통

Alessandro Scarlatti(1660 - 1725)
정수현 역

Son tut - ta duo - lo,　　　　non ho che af-fan - ni
가 득 찬 고 　 통　　　　　잔 인 한 고 　 통

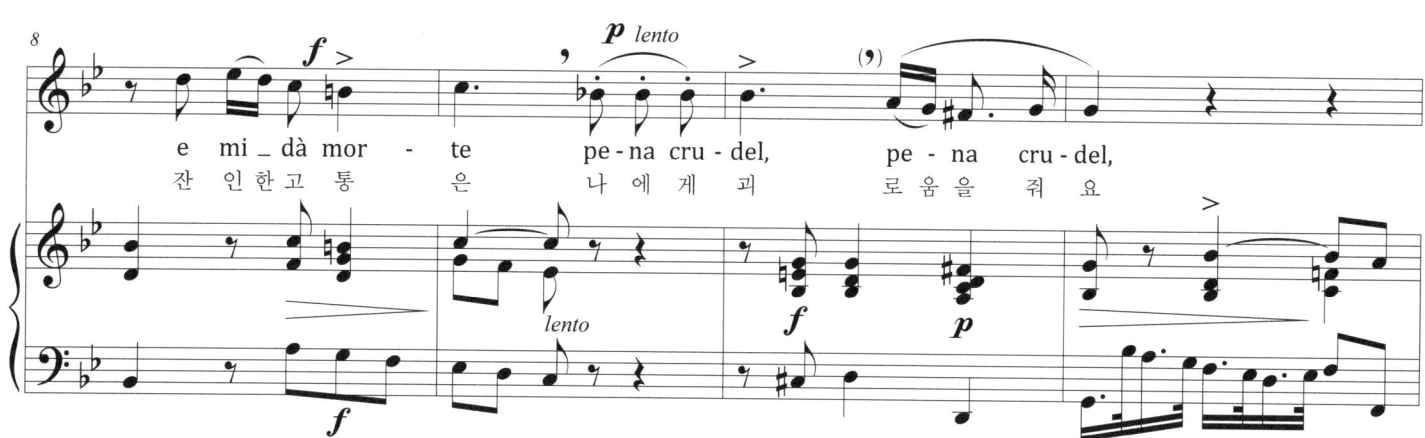

e mi _ dà mor - te 　 pe - na cru - del, 　 pe - na cru - del,
잔 인 한 고 통 　 은 　 나 에 게 괴 　 로 움 을 　 줘 요

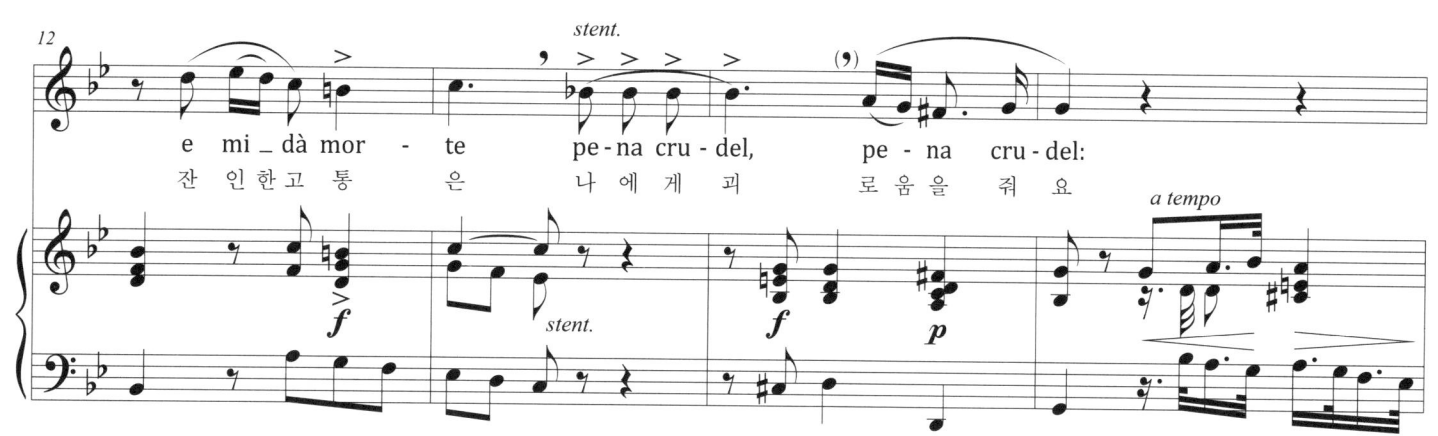

e mi _ dà mor - te 　 pe - na cru - del, 　 pe - na cru - del:
잔 인 한 고 통 　 은 　 나 에 게 괴 　 로 움 을 　 줘 요

반주 음원   원어민 발음

O cessate di piagarmi (em)

나에게 상처주지 마세요

Alessandro Scarlatti(1660 - 1725)
정수현 역

Andante con moto

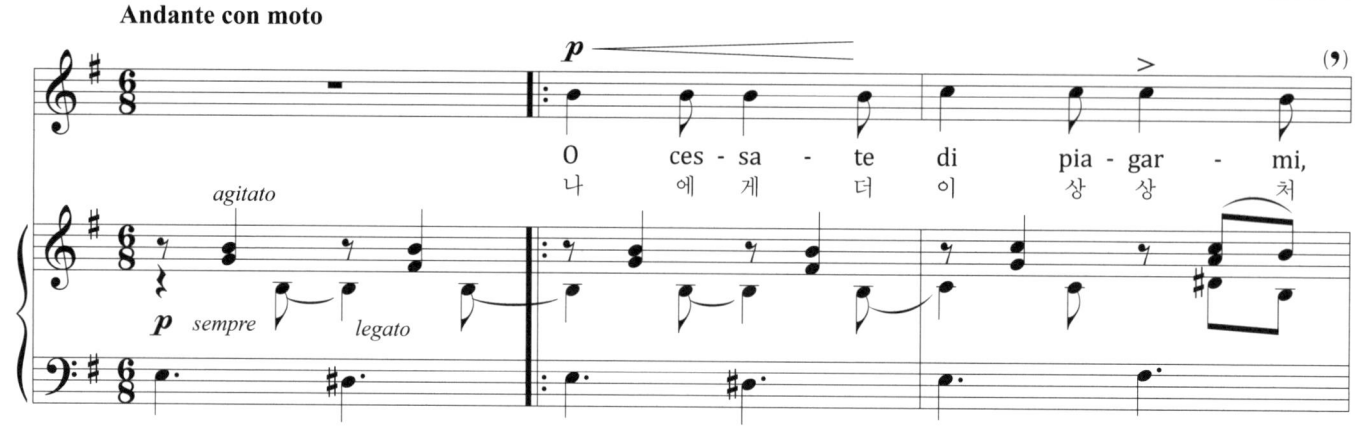

O ces - sa - te di pia - gar - mi,
나 에게 더 이 상 상 처

o la - scia - te - mi mo - rir, o la - scia - te -
주 지 말 아 주 세 요 나 를 죽 게

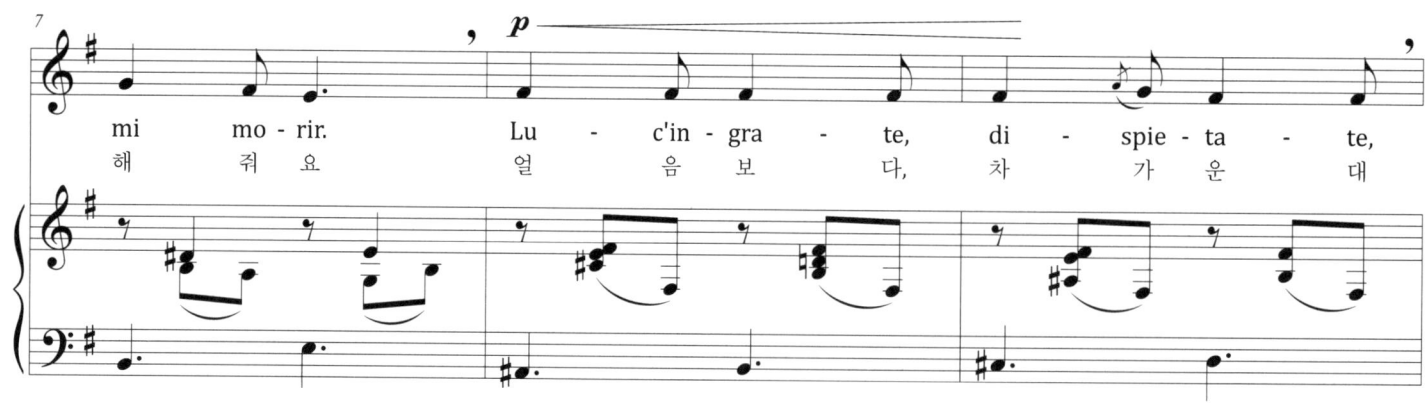

mi mo - rir. Lu - c'in - gra - te, di - spie - ta - te,
해 줘 요 얼 음 보 다, 차 가 운 대

lu - c'in - gra - te, di - spie - ta - te, più del ge - lo e
리 석 보 다 잔 인 한 빛 이 여 나 의

Caro laccio E♭M

사랑의 끈

Francesco Gasparini(1668 - 1727)
정수현 역

Moderato

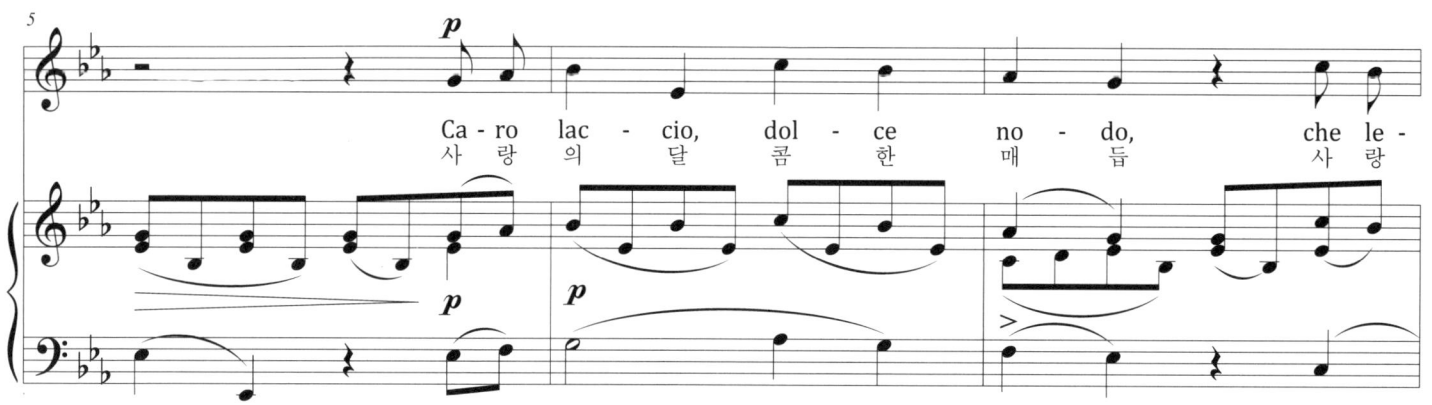

Ca - ro lac - cio, dol - ce no - do, che le -
사 랑 의 달 콤 한 매 듭 사 랑

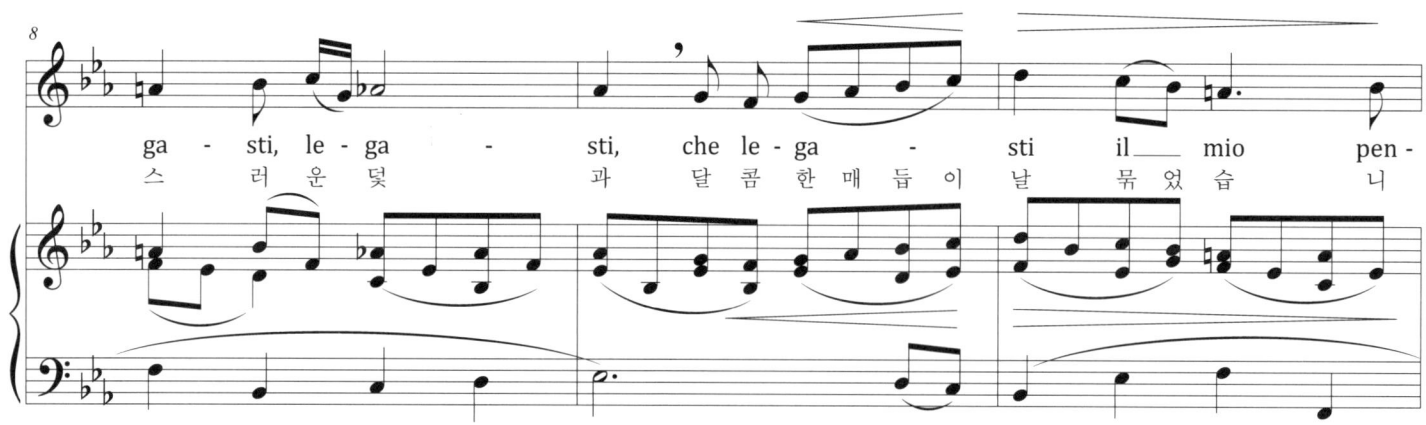

ga - sti, le - ga - sti, che le - ga - sti il mio pen -
스 러 운 덫 과 달 콤 한 매 듭 이 날 묶 었 습 니

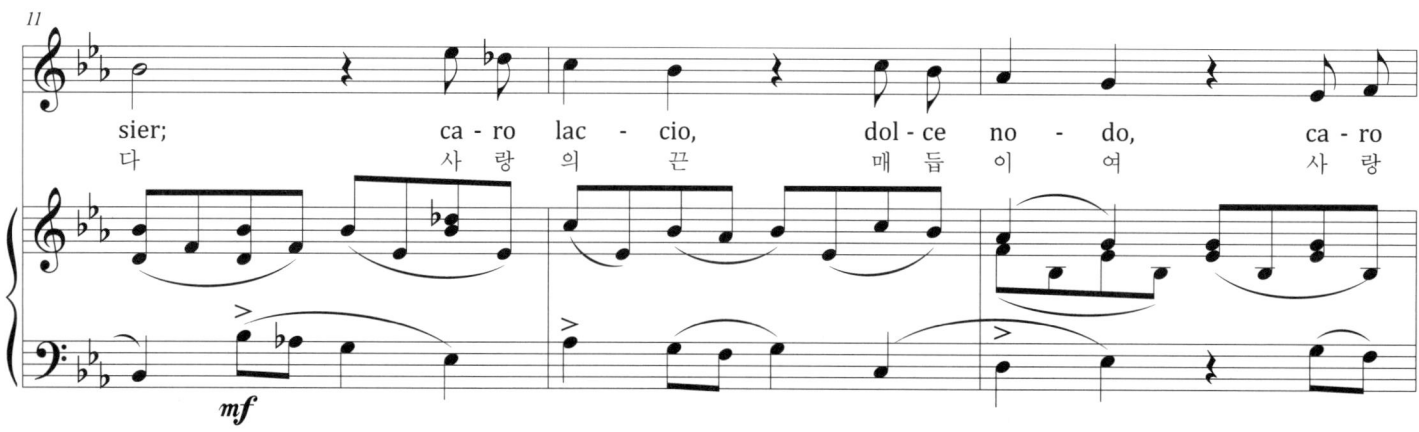

sier; ca - ro lac - cio, dol - ce no - do, ca - ro
다 사 랑 의 끈 매 듭 이 여 사 랑

Lasciar d'amarti fm

당신을 사랑하지 않고는

Francesco Gasparini(1668 - 1727)
정수현 역

Allegro moderato

il basso legato e cantando

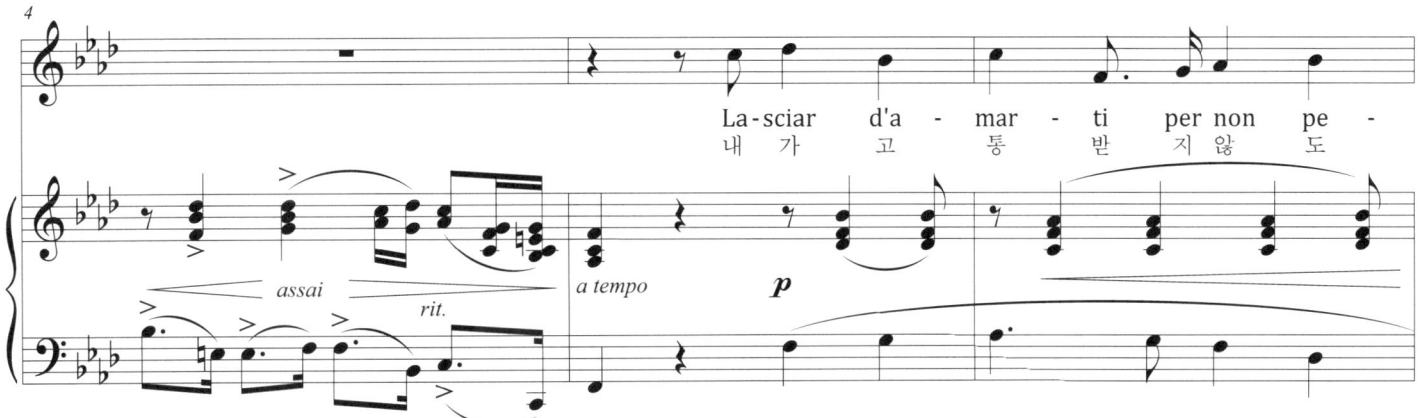

La - sciar d'a - mar - ti per non pe -
내 가 고 통 받 지 않 도

assai *rit.* *a tempo*

nar, ca - ro mio be - ne, non si può far, no,
록 당 신 을 사 랑 하 지 않 는 것 은

rit. con grazia

ca - ro, non si può far, la - sciar d'a - mar - ti per non pe - nar. Ca - ro mio
내 사 랑 이 여, 난 그 렇 게 할 수 가 없 어 요 내 사 랑

Alma del core AM

마음의 영혼

Antonio Caldara(1670 - 1736)

정수현 역

Tempo di minuetto

Al - ma del
마 음 의

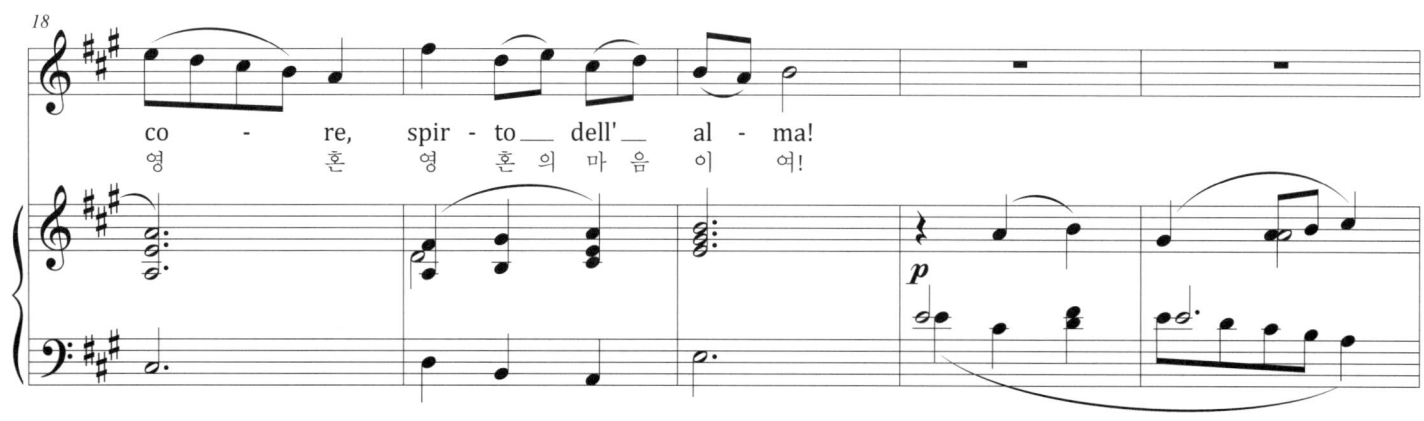

co - re, spir - to___ dell'___ al - ma!
영 혼 영 혼 의 마 음 이 여!

Sa - rò con - ten - to nel mio tor - men - to,
고 통 속 에 서 도 내 가 당 신 의

se quel bel lab - bro____ ba - ciar____ po - trò,
아 름 다 운 입 술 에 입 맞 춘 다 면

se quel bel lab - bro, se quel bel lab - bro____
입 맞 출 수 만 있 다 면 나 는

ba - ciar____ po - trò.
행 복 할 거 예 요

Dal Segno al Fine

Dal Segno al Fine

Sebben, crudele em

그대가 차가울지라도

Antonio Caldara(1670 - 1736)

정수현 역

Allegretto grazioso

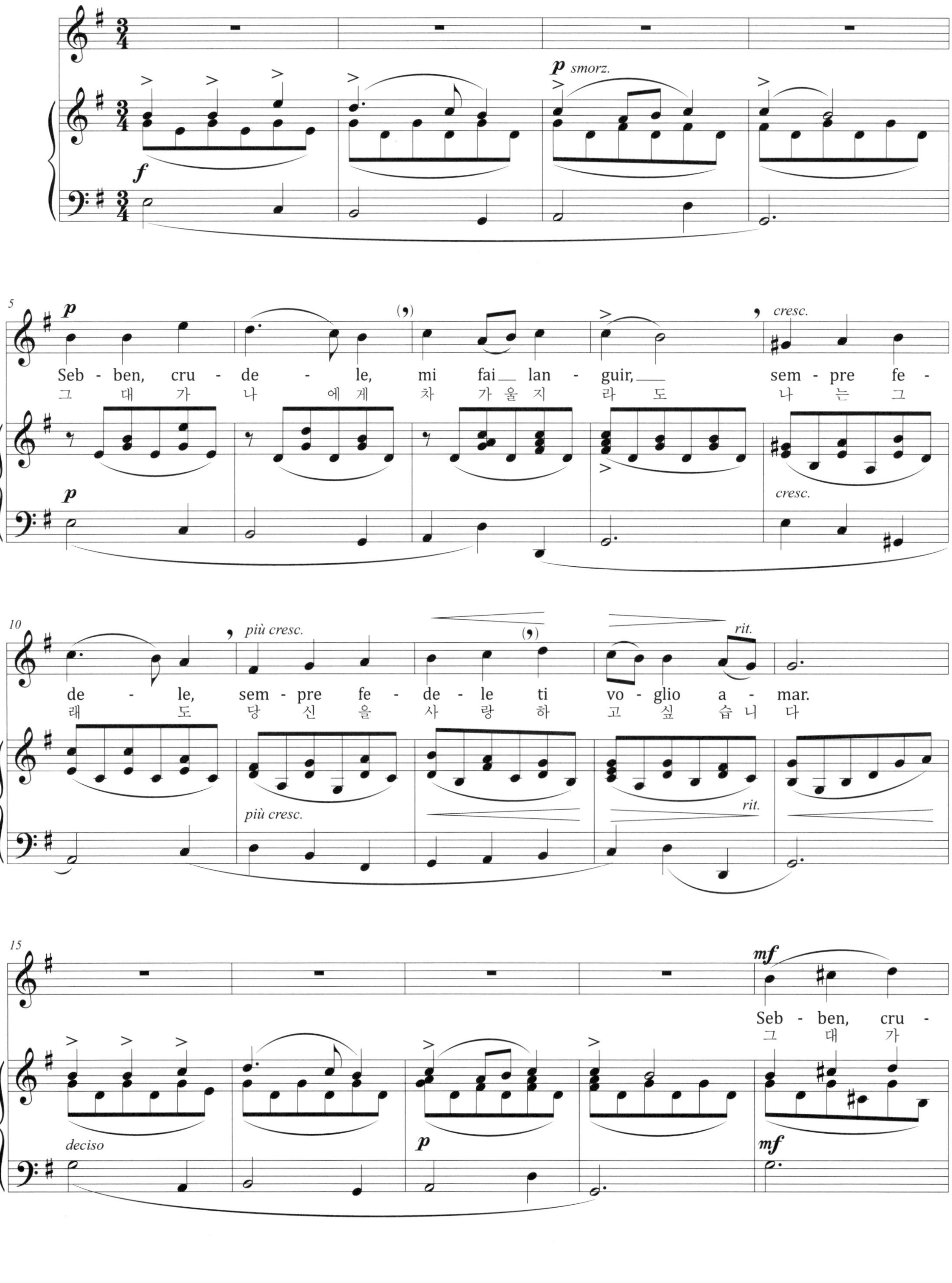

Seb - ben, cru - de - le, mi fai lan - guir,___ sem - pre fe -
그 대 가 나 에게 차 가 울 지 라 도 나 는 그

de - le, sem - pre fe - de - le ti vo - glio a - mar.
래 도 당 신 을 사 랑 하 고 싶 습 니 다

Seb - ben, cru -
그 대 가

62

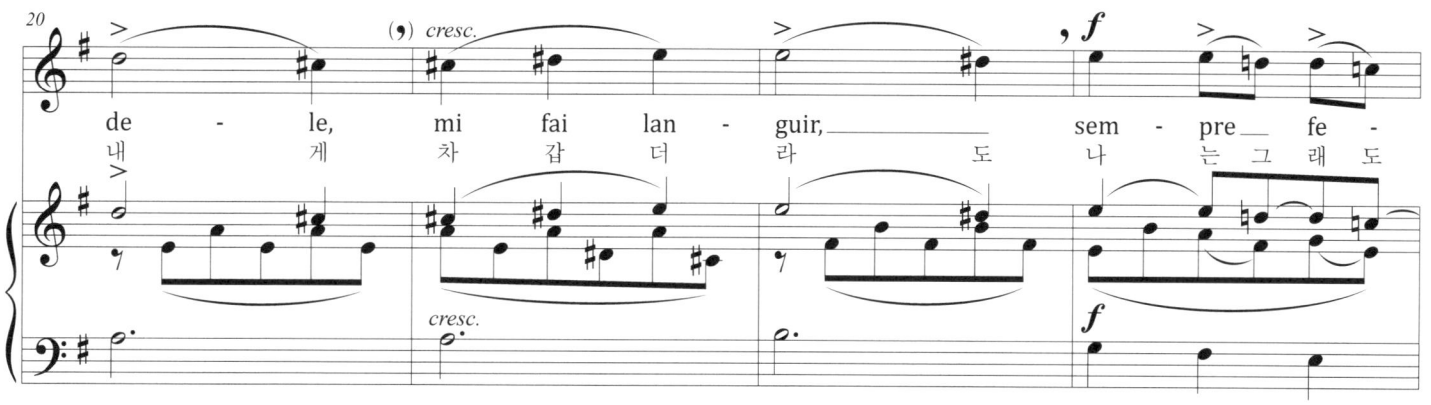

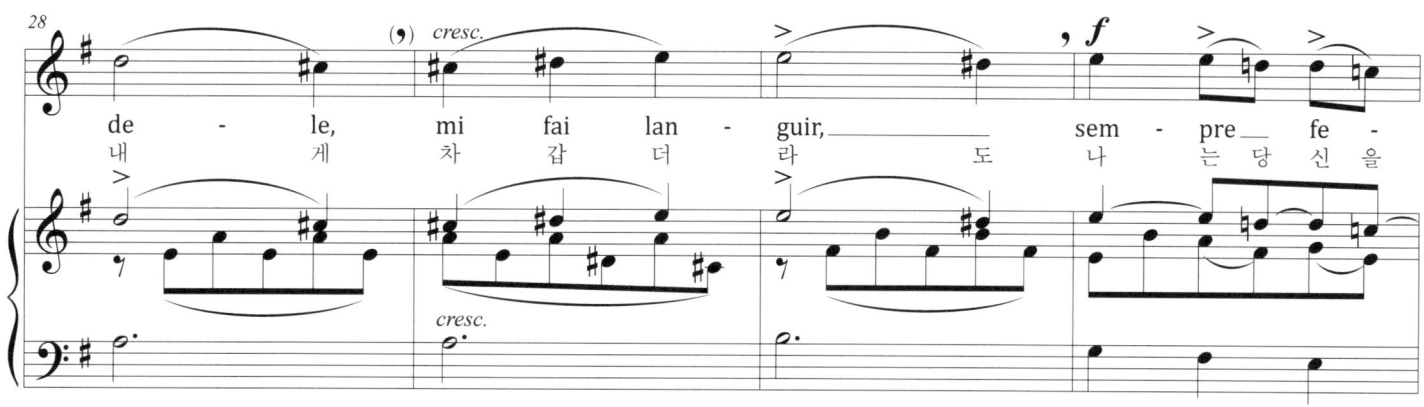

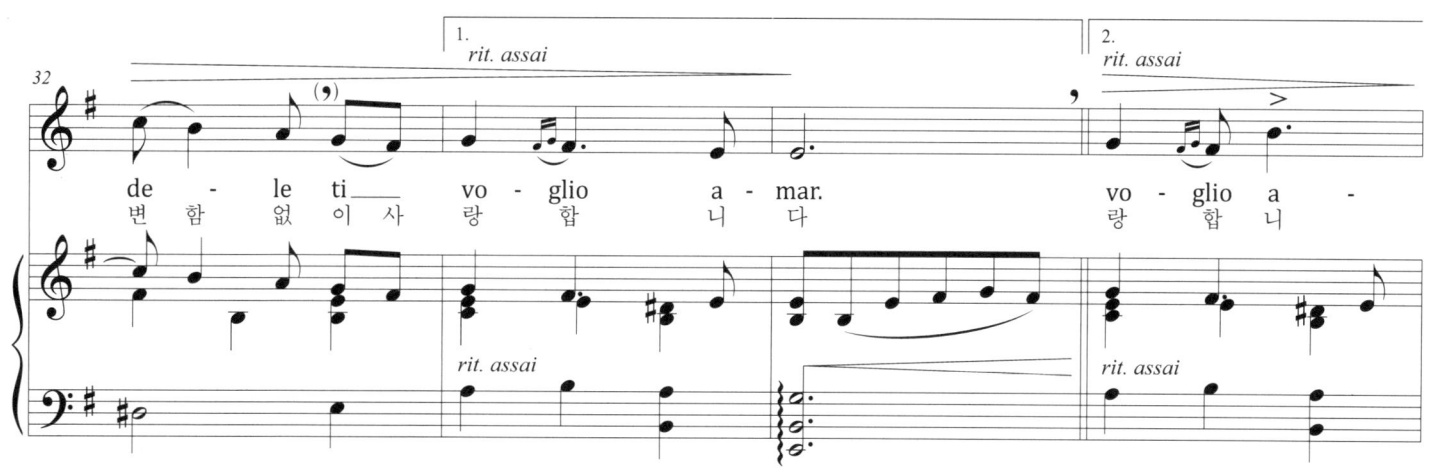

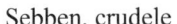

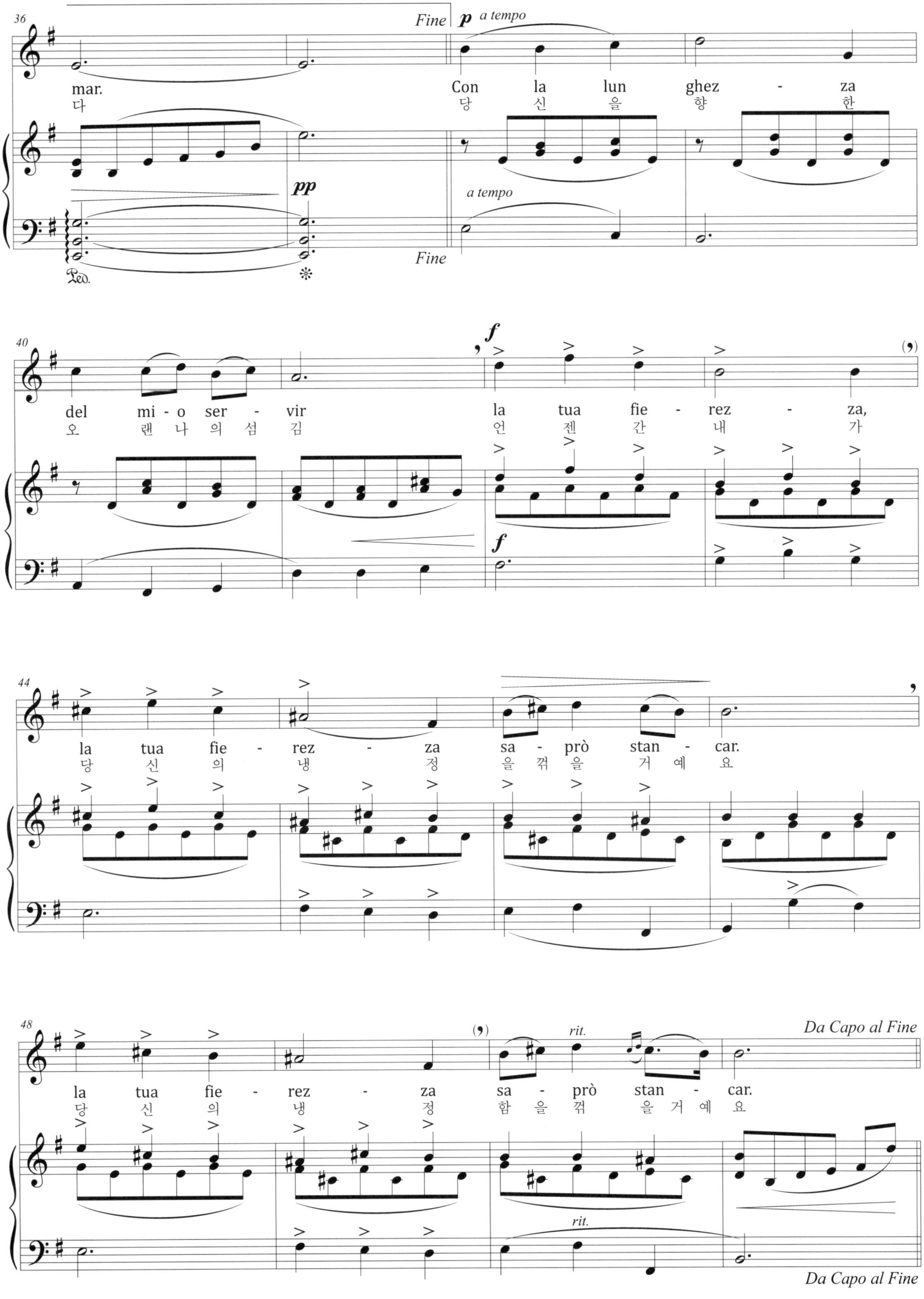
Fine
a tempo
mar. Con la lun ghez - za
다 당 신 을 향 한
pp
Fine
del mi - o ser - vir la tua fie - rez - za,
오 랜 나 의 섬 김 언 젠 간 내 가
la tua fie - rez - za sa - prò stan - car.
당 신 의 냉 정 을 꺾 을 거 예 요
rit.
Da Capo al Fine
la tua fie - rez - za sa - prò stan - car.
당 신 의 냉 정 함 을 꺾 을 거 예 요
Da Capo al Fine

Selve amiche

다정한 숲이여

Antonio Caldara(1670 - 1736)
정수현 역

Andantino

Sel - ve_a - mi - che,
다 정 한 숲 이 여

sel - ve_a - mi - che, om - bro - se pian - te,
다 정 한 숲 그 늘 진 초 원

del mio co - re, del mi - o co - re,

fi - do_al - ber - go del mio co - - - - re,
당 신 은 내 마 음 의 미 더 운 피 난 처 입 니 다

66

Per la gloria d'adorarvi `FM`

당신을 찬미하는 영광을 위해

Giovanni Battista Bononcini(1670 - 1747)
정수현 역

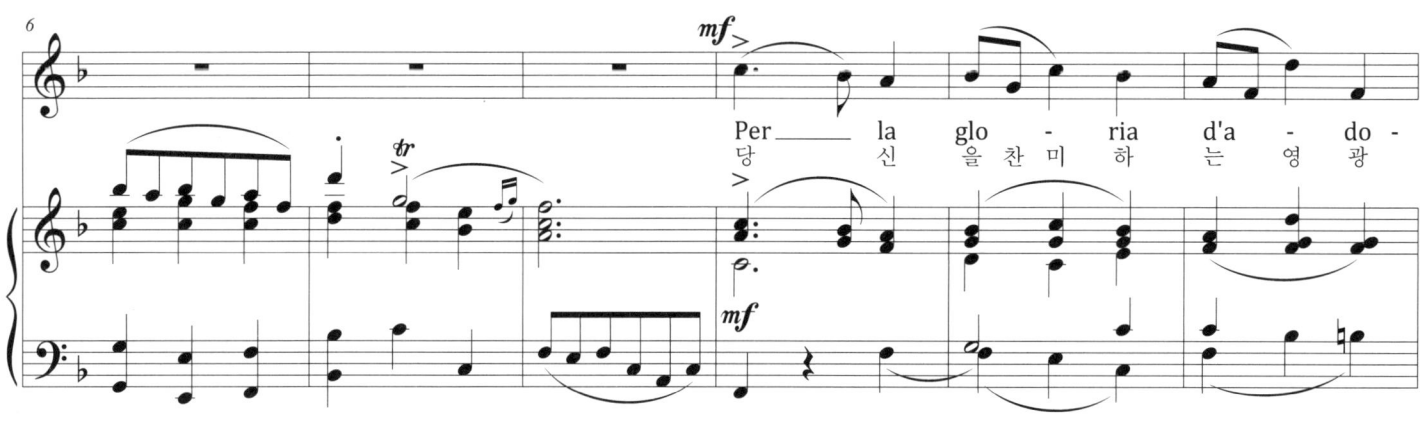

Per la glo - ria d'a - do -
당 신 을 찬 미 하 는 영 광

rar - vi vo - glio a - mar - vi, o lu - ci ca - re;
을 위 해 당 신 을 사 랑 하 고 싶 어 요

Per la glo - ria d'a - do - rar - vi vo - glio a -
당 신 을 찬 미 하 는 영 광 을 위 해 당 신

pe - ne - rò, v'a - me - rò, lu - ci ca - re, pe - ne - rò,
사 랑스러 운 그 두눈 사랑해 요 괴 로워도

v'a - me - rò, lu - ci ca - re.
사 랑해요 당신 만 을

Sen - za spe - me di___ di - let - to va - no af - fet - to è___so -
행 복할 거라는 회 망이없 는 허무한 짝사 랑은한숨뿐이겠

반주 음원 원어민 발음

Vergin, tutto amor

모든 사랑의 동정녀

Francesco Durante(1684 - 1755)
정수현 역

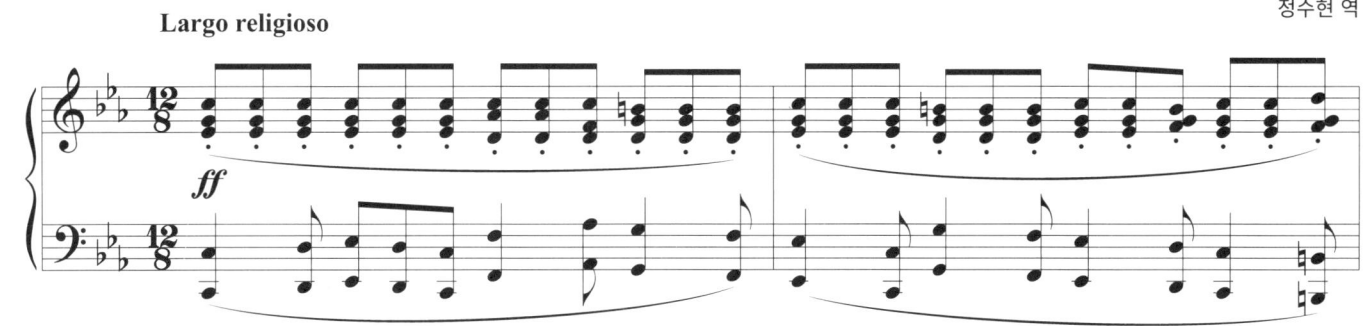

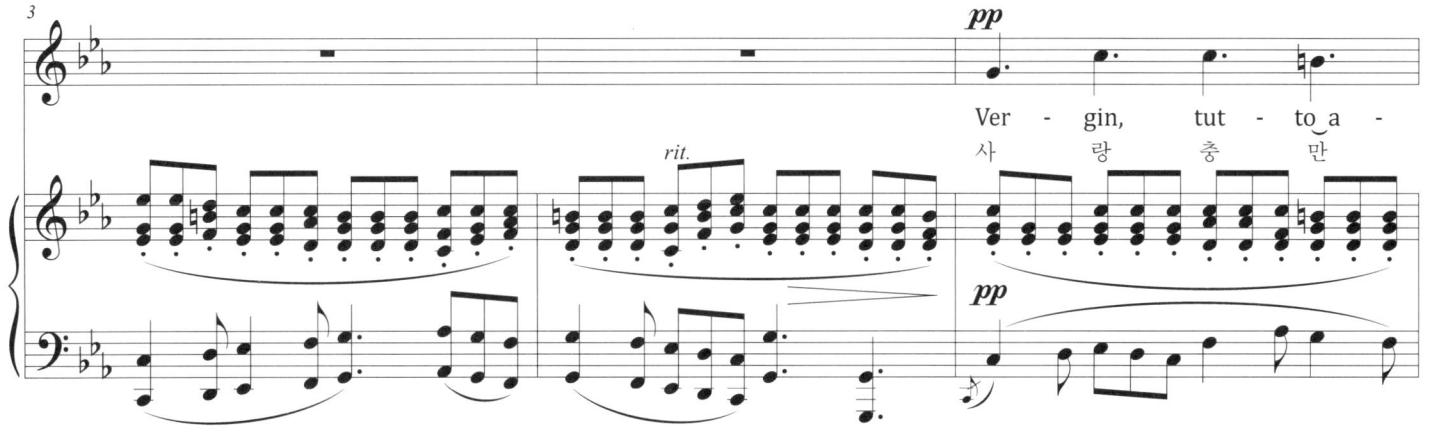

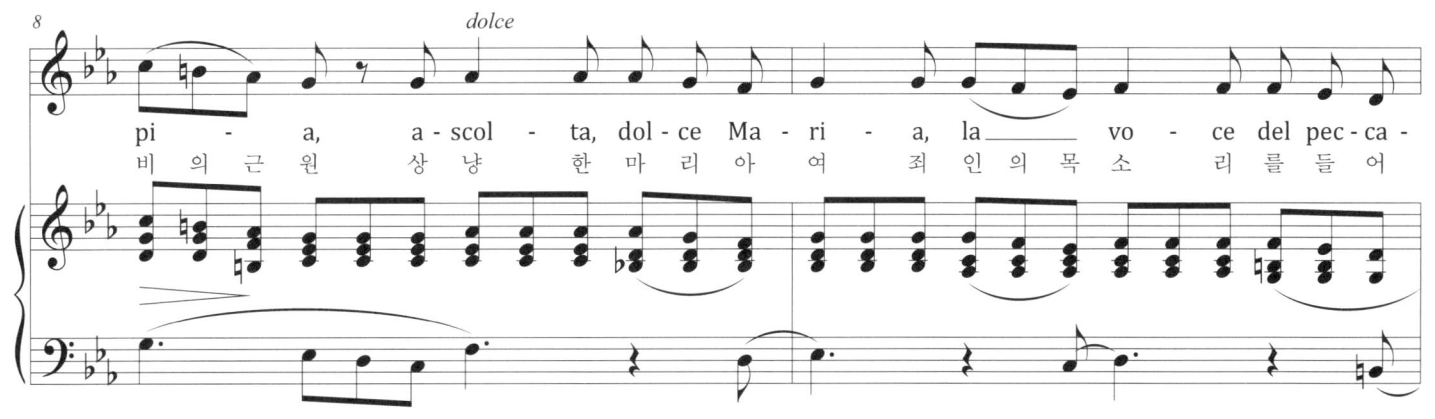

Alma mia DM

나의 영혼

Georg Friedrich Händel(1685 - 1759)

정수현 역

Al - ma mi - a si, sol tu se - i la＿ mia glo - ria, il

그 래 요 나의영혼 아, 당신만 이 오 직 나 의 영 광

mio di - let - to, al - - ma mi - a si, sol＿ tu se - i, si,

이 고 기 쁨 나 의영혼이여 아, 오직당신 만이나 의

sol,＿ sol tu sei la＿ mia glo - ria la＿ mia glo - - - ria, il

영광 이고기쁨 나 의 영 광 나 의 영 광 나

Bel piacere GM

아름다운 기쁨

Georg Friedrich Händel(1685 - 1759)

정수현 역

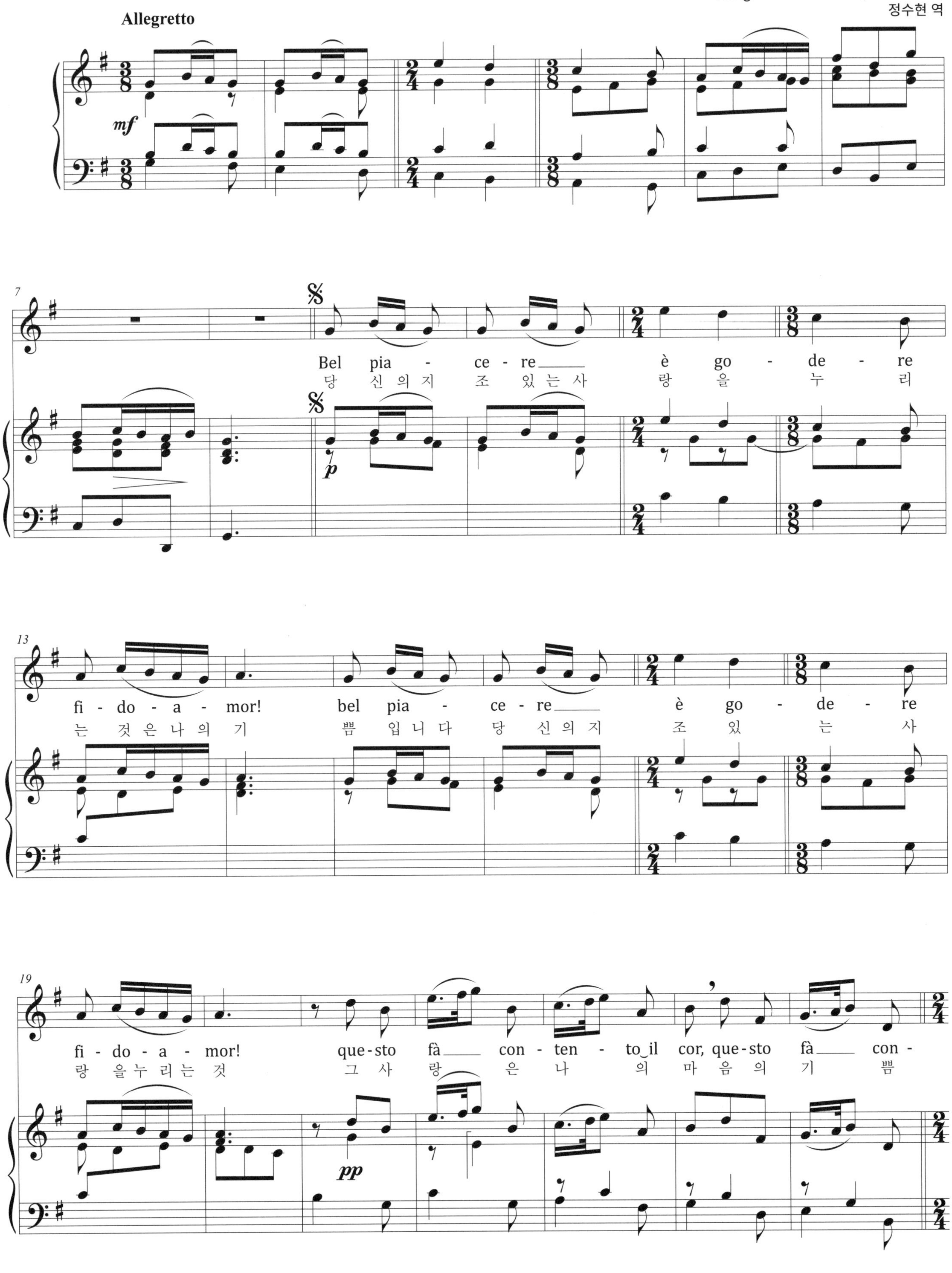

Allegretto

Bel pia - ce - re__ è go - de - re
당 신 의 지 조 있 는 사 랑 을 누 리

fi - do - a - mor! bel pia - ce - re__ è go - de - re
는 것 은 나 의 기 쁨 입 니 다 당 신 의 지 조 있 는 사

fi - do - a - mor! que-sto fà__ con - ten - to_il cor, que-sto fà__ con -
랑 을 누 리 는 것 그 사 랑 은 나 의 마 음 의 기 쁨

V'adoro, Pupille　FM

사랑하는 그대 눈동자

Georg Friedrich Händel(1685 - 1759)

정수현 역

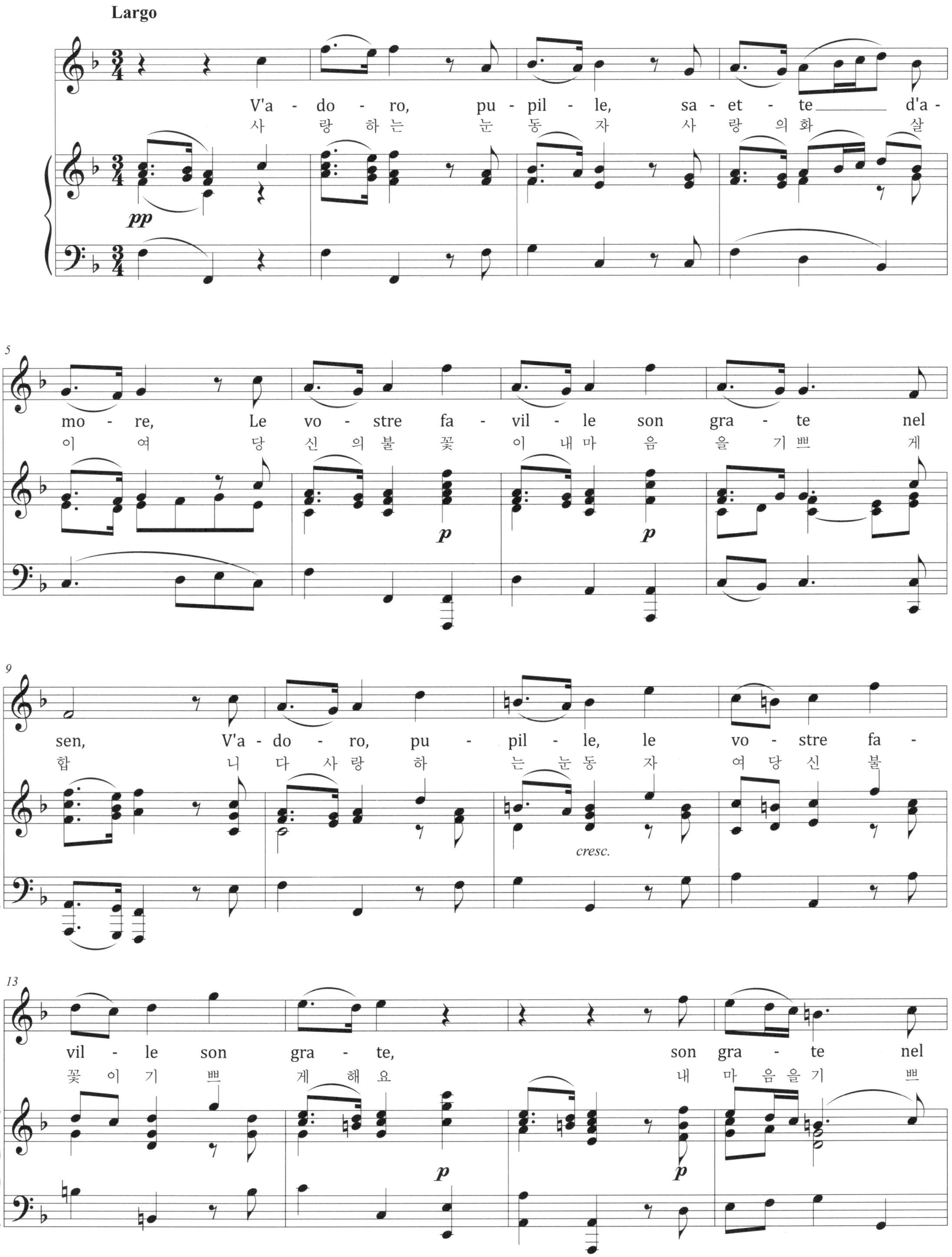

Largo

V'a - do - ro, pu - pil - le, sa - et - te ____ d'a -
사 랑 하 는　눈 동 자　사 랑 의 화　살

pp

mo - re, Le vo - stre fa - vil - le son gra - te nel
이 여　당 신 의 불 꽃　이 내 마 음 을 기 쁘 게

p　*p*

sen, V'a - do - ro, pu - pil - le, le vo - stre fa -
합　니 다 사 랑 하　는 눈 동 자　여 당 신 불

cresc.

vil - le son gra - te, son gra - te nel
꽃 이 기 쁘　게 해 요　　내 마 음 을 기　쁘

p　*p*

Lascia ch'io pianga `CM`

나를 울게 두세요

Georg Friedrich Händel(1685 - 1759)
정수현 역

Recitativo

Ar - mi - da, dis - pie - ta - ta col - la for - za d'a - bis - so, ra - pir - mi al ca - ro
지 옥 의 힘 을 가 진 무 정 한 아 르 미 다, 나 의 모 든 기

Ciel di miei con - ten - ti, e qui con duo - lo e - ter - no vi - va mi tie - ne in tor - men - to d'in - fer - no.
쁨 을 빼 앗 아 가 고 영 원 한 고 통 을 주 는 지 옥 에 나 를 가 두 었 네 요

Sig - nor! Ah! per pie - tà la - scia - mi pian - ge - re.
주 여! 아, 나 를 울 게 내 버 려 둬 요

Andante   **Aria Larghetto**

La - scia ch'io
울 게 두

pian - ga la du - ra sor - te e che so - spi - ri la li - ber - tà.
세 요 가 혹 한 운 명 과 자 유 를 향 한 탄 식 속 에

Nina em

니나

Giovanni Battista Pergolesi(1710 - 1736)

정수현 역

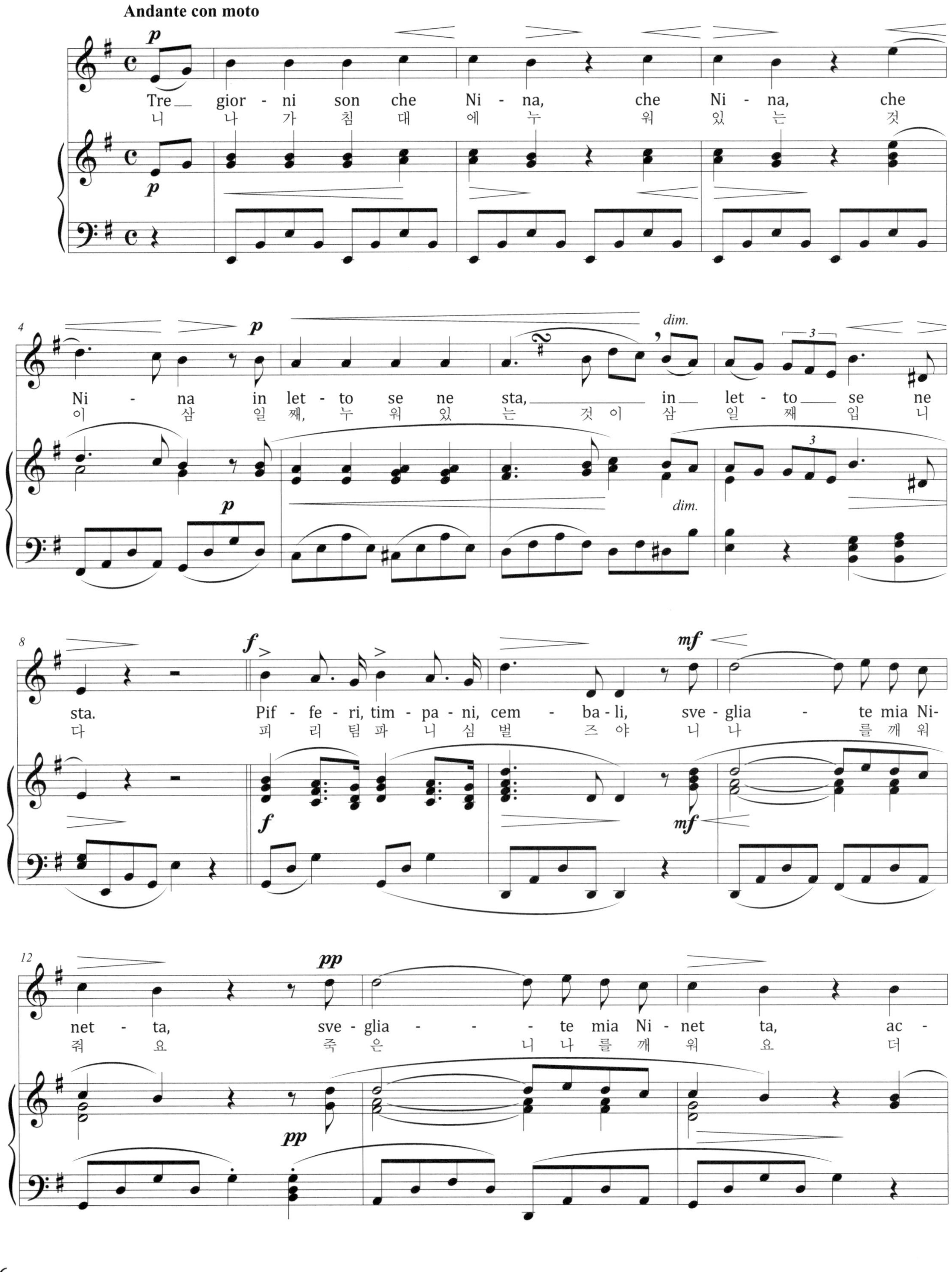

Andante con moto

Tre _ gior - ni son che Nina, che Nina, che

니 나 가 침 대 에 누 워 있 는 것

Ni - na in let - to se ne sta, _ in let - to se ne

이 삼 일 째, 누 워 있 는 것 이 삼 일 째 입 니

sta. Pif - fe - ri, tim - pa - ni, cem - ba - li, sve - glia - te mia Ni-

다 피 리 팀 파 니 심 벌 즈 야 니 나 를 깨 워

net - ta, sve - glia - - te mia Ni - net - ta, ac-

쥐 요 죽 은 니 나 를 깨 워 요 더

Se tu m'ami, se tu sospiri fm

만약 당신이 나를 사랑하고 나 때문에 한숨짓는다면

Giovanni Battista Pergolesi(1710 - 1736)
정수현 역

Se tu m'a-mi, se tu so-spi-ri Sol per me, gen-til pa-stor,
목 동 이 여 만약 당신 이 날사랑 하고오 직날위 해한숨쉰 다면

Ho do-lor de' tuoi mar-ti-ri, Ho di-let-to del tuo a-mor,__ Ma se pen-si
난 당신의 고통에슬 프기도사 랑에기쁘 기도할거예 요

che so-let-to I-o ti deb-ba ri - a-mar, Pa-sto-rel-lo,
하지만사랑 이 보답받을거 라고 생각한 다 면그것은

88

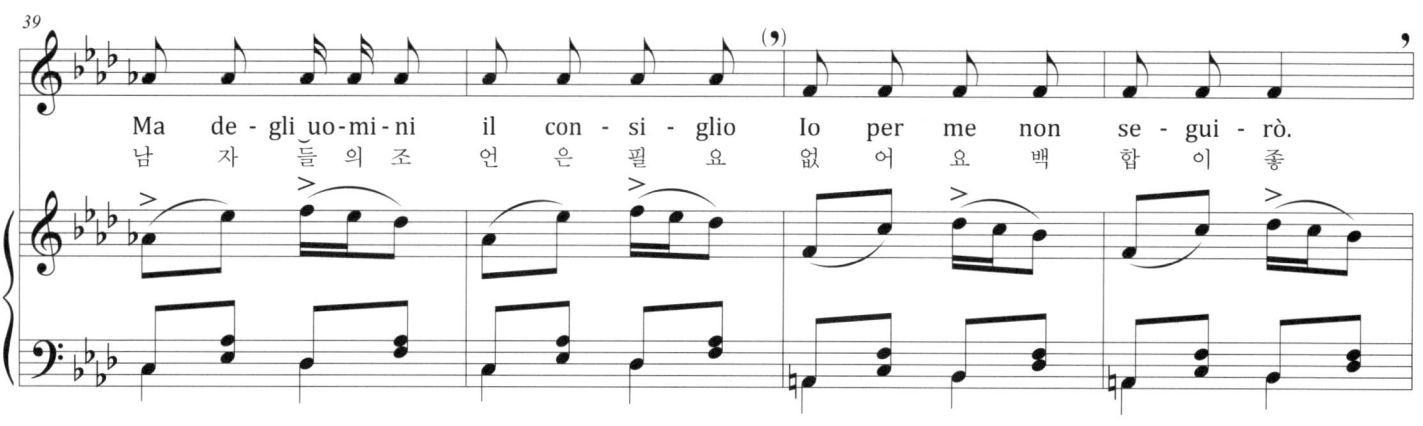

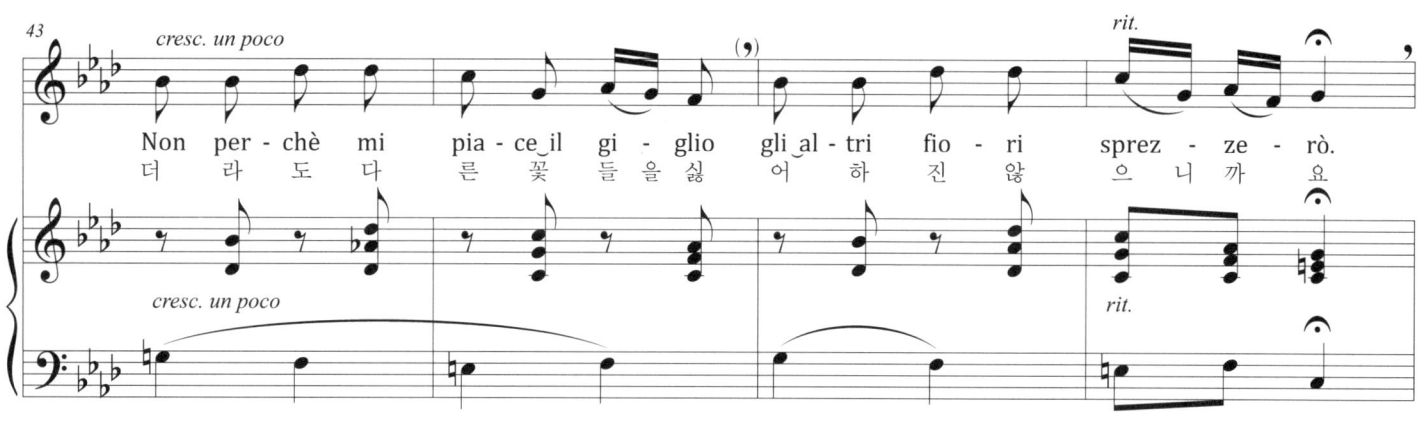

Dal Segno al Fine

Dal Segno al Fine

Lungi dal caro bene FM

님으로부터 멀어지면

Antonio Secchi(1761 - 1833)

정수현 역

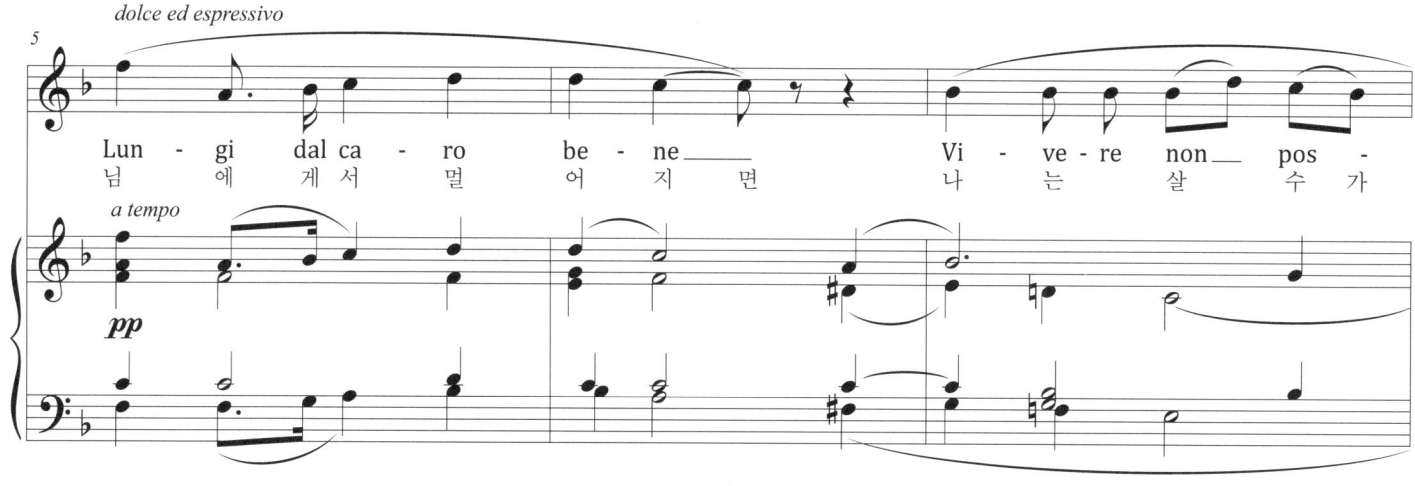

Lun - gi dal ca - ro be - ne_____ Vi - ve - re non__ pos -

님 에 게 서 멀 어 지 면 나 는 살 수 가

s'i - o! So - no in un mar_____ di pe - ne Lun - gi dal

없 어 요 고 통 의 바 다 입 니 다 님 으 로

93

Lungi dal caro bene AM

님으로부터 멀어지면

Giuseppe Sarti(1729 - 1802)
정수현 역

Lun - gi dal ca - ro be - ne   vi - ve - re non pos -
님 으로부터 멀 어 지면   나 는 살 수 가 없

반주 음원　　원어민 발음

Lungi dal caro bene B♭M

님으로부터 멀어지면

Giuseppe Sarti(1729 - 1802)
정수현 역

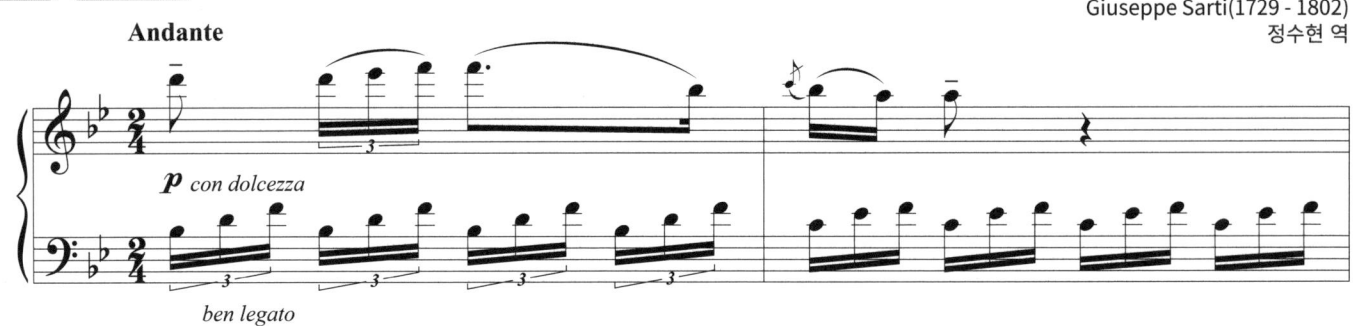

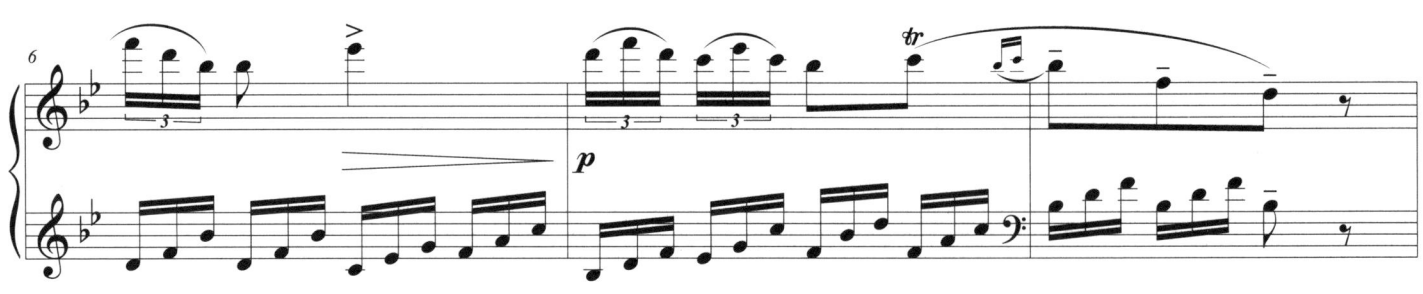

Lun - gi dal ca - ro be - ne　vi - ve - re non pos -
님 으로부터　멀 어지면　나 는살 수가 없

pon - no, mi chiu - da, mi chiu - da i

나 의 삶 의 빛을 앗 아 가 길 삶의

lu - - mi an - cor

빛 꺼 주 기 를

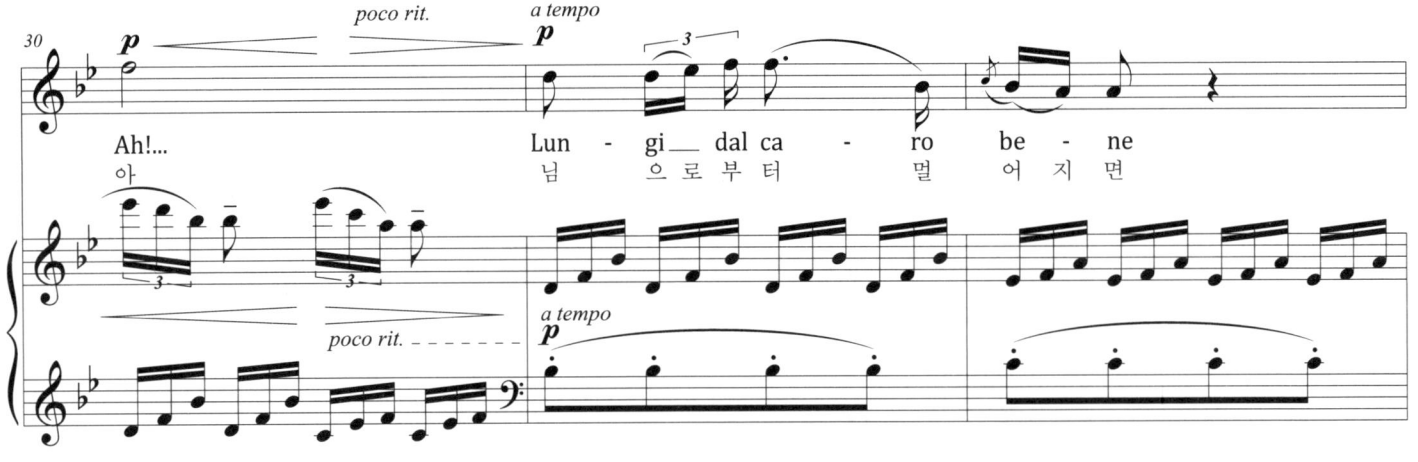

Ah!... Lun - gi__ dal ca - ro be - ne

아 님 으로부터 멀 어 지 면

vi - ve - re non pos - s'i - o so - no in un mar__ di

나 는 살수가 없 어 요 난 고통의바 다 에있

Nel cor più non mi sento GM

허무한 마음

Giovanni Paisiello(1740 - 1816)
정수현 역

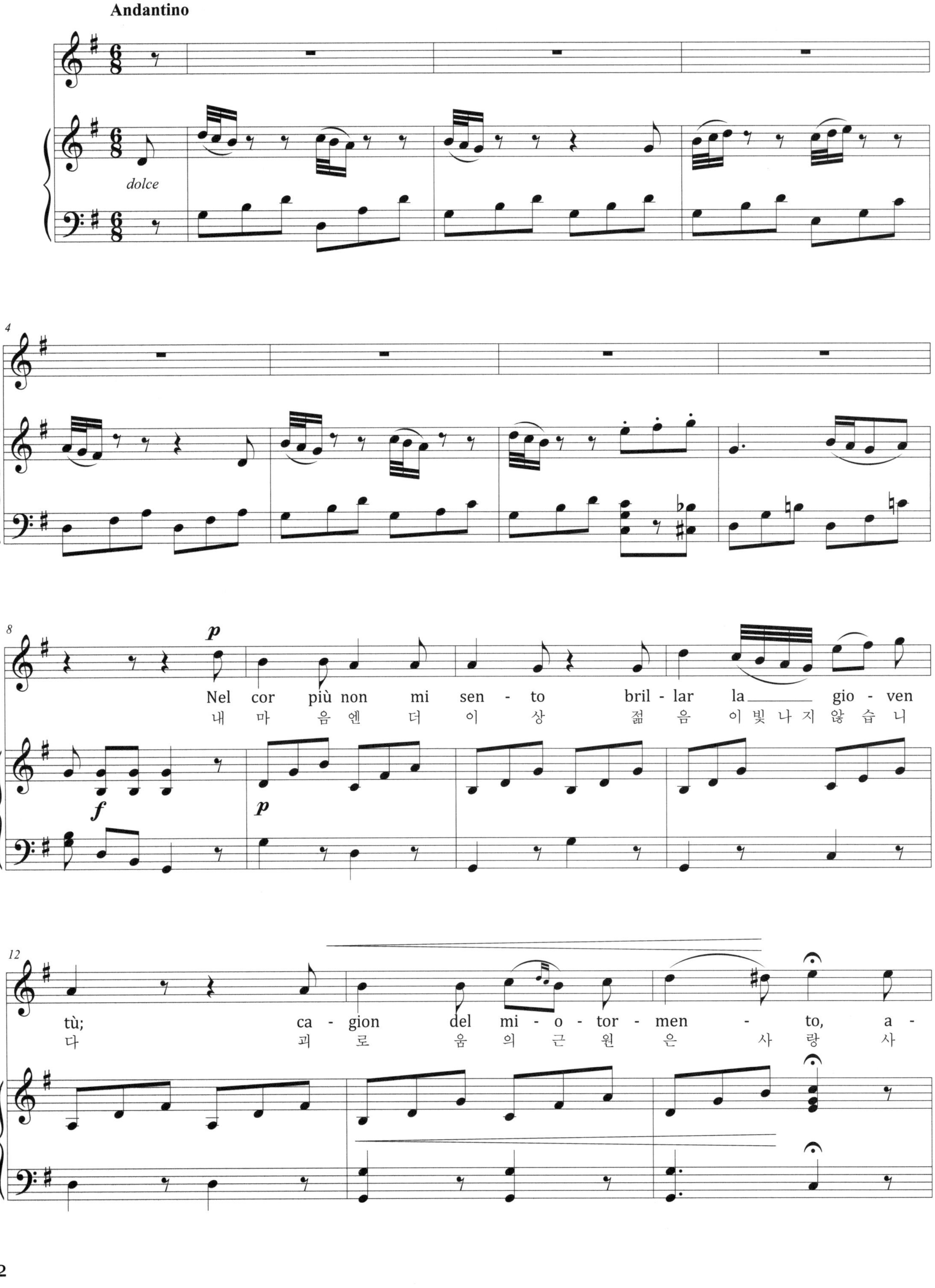

Andantino

dolce

p

f   *p*

Nel cor più non mi sen - to bril - lar la____ gio - ven
내 마 음 엔 더 이 상 젊 음 이 빛 나 지 않 습 니

tù;   ca - gion del mi - o - tor - men - to, a -
다   괴 로 움 의 근 원 은   사 랑 사

Caro mio ben ♭EbM♭

사랑하는 나의 그대

Giuseppe Giordani(1753 - 1798)
정수현 역

Ca - ro mio ben, cre - di - mi_al - men, sen - za di te lan - gui - sce_il
내 님 이 여 믿 어 줘 요 당 신 없 인 마 음 아

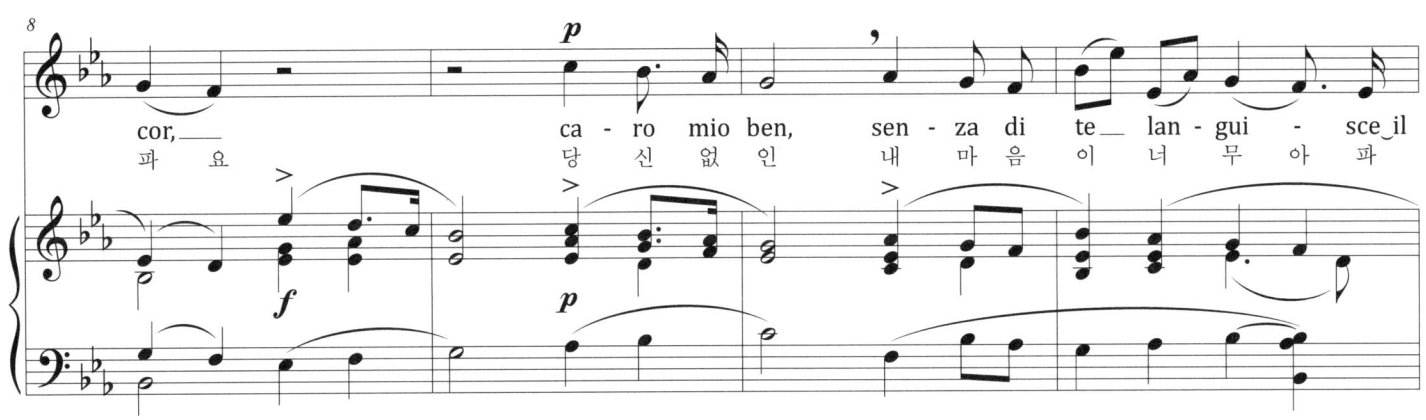

cor,___ ca - ro mio ben, sen - za di te lan - gui - sce_il
파 요 당 신 없 인 내 마 음 이 너 무 아 파

cor. Il tuo fe - del so - spi - ra_o -
요 당 신 만 을 향 한 내 사

Caro mio ben FM

사랑하는 나의 그대

Giuseppe Giordani(1753 - 1798)
정수현 역

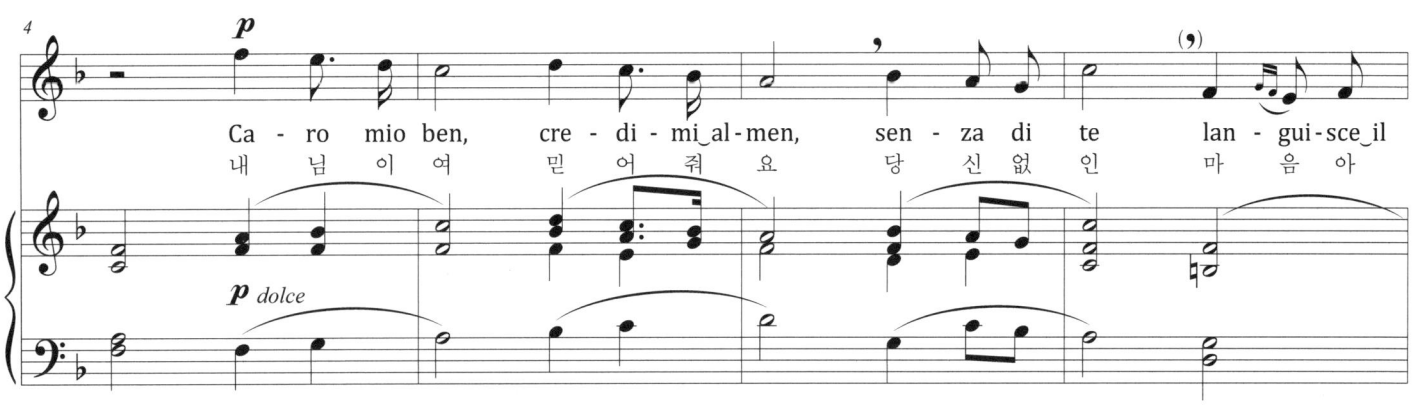

Ca - ro mio ben, cre - di - mi_al - men, sen - za di te lan - gui - sce_il
내 님 이 여 믿 어 줘 요 당 신 없 인 마 음 아

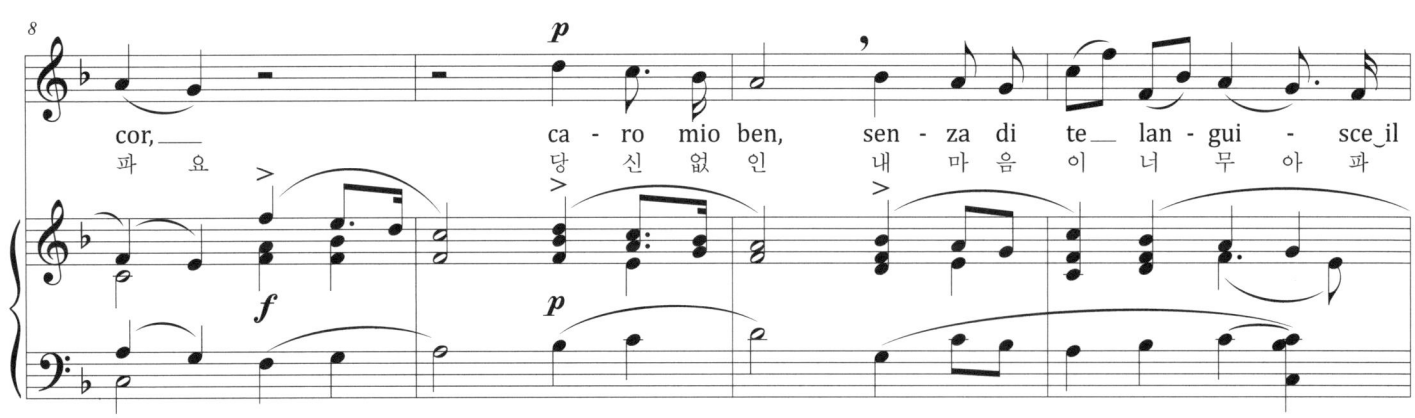

cor,___ ca - ro mio ben, sen - za di te__ lan - gui - sce_il
파 요 당 신 없 인 내 마 음 이 너 무 아 파

cor. Il tuo fe - del so - spi - ra_o -
요 당 신 만 을 향 한 내 사

Vaga luna, che inargenti A♭M

아름다운 달이여

Vincenzo Bellini(1801 - 1835)
정수현 역

Andante cantabile

Va - ga lu - na, che i - nar - gen - ti Que - ste
시 냇 물 과 꽃 들 을 은 빛 으 로 물 들 이

ri - ve e que - sti fio - ri Ed in spi - ri, Ed in spi - ri a - gli e - le -
는 아 름 다 운 달 이 여 자 연 에 사 랑 의 언 어 를

-men ____ ti Il lin - gua - ggio Il lin - gua - ggio del - l'a - mor; Te - sti -
사 랑 의 언 어 를 불 어 넣 는 달 이 여 당 신

Vaga luna, che inargenti

아름다운 달이여

Vincenzo Bellini(1801 - 1835)
정수현 역

Andante cantabile

Va - ga lu - na,__ che i - nar - gen____ ti Que - ste
시 냇 물 과 꽃 들 을 은 빛 으 로 물 들 이

ri - ve e que - sti fio - ri Ed in - spi - ri, Ed in spi - ri_a - gli_e - le -
는 아 름 다 운 달 이 여 자 연 에 사 랑 의 언 어 를

-men____ ti Il lin - gua - ggio Il lin - gua - ggio del - l'a - mor; Te - sti-
사 랑 의 언 어 를 불 어 넣 는 달 이 여 당 신

112

mo - nio or se - i tu so - la Del mio fer - vi - do de -
만 이 내 뜨 거 운 욕 망 의 증 인 입 니

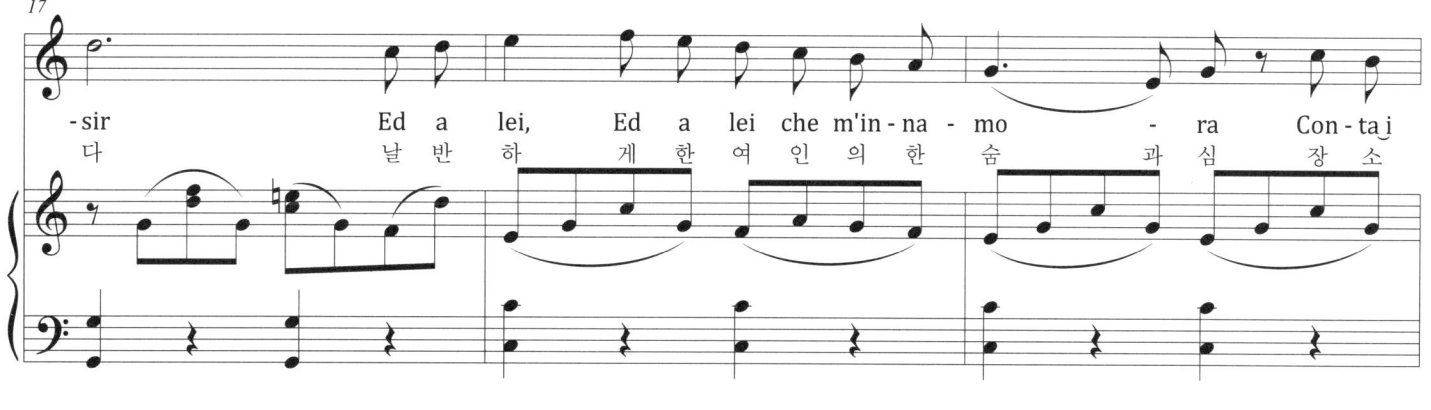

-sir Ed a lei, Ed a lei che m'in - na - mo - ra Con ta i
다 날 반 하 게 한 여 인 의 한 숨 과 심 장 소

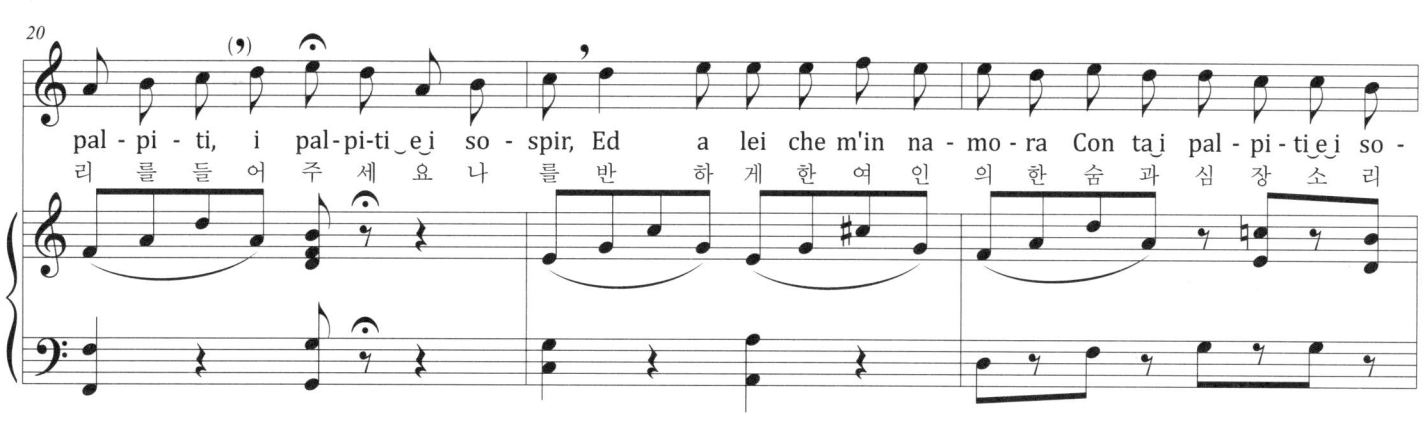

pal - pi - ti, i pal - pi - ti e i so - spir, Ed a lei che m'in na - mo - ra Con ta i pal - pi - ti e i so -
리 를 들 어 주 세 요 나 를 반 하 게 한 여 인 의 한 숨 과 심 장 소 리

-spir, Ed a lei che m'in na - mo - ra Con ta i pal - pi - ti e i so - spir, e i so -
를 날 반 하 게 한 여 인 의 한 숨 과 심 장 소 리 를 들

이탈리아어 발음

1. 알파벳

이탈리아어에서 사용하는 알파벳은 5개의 모음 **a, e, i, o, u** 와 16개의 자음 **b, c, d, f, g, h, l, m, n, p, q, r, s, t, v, z** 으로 이루어져 있다. 알파벳을 읽을 경우(2음절 이상일 때) 끝에서 두 번째 음절에 강세를 넣어 발음한다.

문자	발음		문자	발음	
A a	[a]	아	N n	[enne]	엔네
B b	[bi]	비	O o	[o]	오
C c	[ci]	치	P p	[pi]	삐
D d	[di]	디	Q q	[qu]	꾸
E e	[e]	에	R r	[erre]	에레
F f	[effe]	에페	S s	[esse]	에쎄
G g	[gi]	지	T t	[ti]	띠
H h	[acca]	아까	U u	[u]	우
I i	[i]	이	V v	[vu]	부
L l	[elle]	엘레	Z z	[zeta]	제따
M m	[emme]	엠메			

이외에도 다음의 5개 글자는 라틴어에서 유래되어 외국어, 외래어나 고전어를 표기할 때 사용한다.

문자	발음	
J j	[i lunga]	이 룽가
	[i lungo]	이 룽고
K k	[cappa]	깝빠
W w	[doppia vu]	도삐아 부
X x	[ics]	익스
Y y	[ipsilon]	입실론
	[i greca]	이그렉까

2. 모음

1) 이탈리아어에는 a, e, i, o, u 다섯 개의 모음이 있다. a는 개음(열린 발음), i, u는 폐음(닫힌 발음) 이며 e와 o는 개음과 폐음을 모두 가지고 있어서 딕션상 실제로는 7개의 모음(à, è, é, í, ò, ó, ú)를 가지고 있다.

a	[아]	americano
e (è, é)	[애, 에]	sèmpre, véro
i	[이]	indirizzo
o (ò, ó)	[어, 오]	paròla, vóce
u	[우]	uomo

2) 무강세 모음은 5개, 강세가 있는 모음 7개까지로도 구분할 수 있다. (a, à, e, è, é, i, ì, o, ò, ó, u, ù)

3) 열린소리와 닫힌소리는 단어에 악센트가 있는 음절에서만 구분된다. 따라서 열린소리는 단어의 악센트 부분에서 최대 한 번만 존재할 수 있다. 즉, 단어 내에 열린소리가 전혀 없는 경우도 있으며 이 경우에는 단어에 악센트를 표기하지 않는 경우가 대다수이고 일정한 발음규칙이나 사전의 발음기호를 통해 열린소리인지 닫힌소리인지 알 수 있다.

4) 반모음 i[j], u[w]: 다른 모음 앞에서 발음되는 경우
più[pju], piano[pjano], uomo[wɔmo], acqua[ak:kwa]

3. 이중모음

이중모음은 한 단어 안에 모음 두 개가 붙어 있는 경우를 말한다. 두 개의 모음이 합쳐져 빠르게 하나의 소리처럼 발음되며 하나의 음절로 인식되므로 절대 분절하지 않는다.

a, e, o 는 강모음이며 i, u 는 약모음이다. 따라서 단어 내 이중모음에 악센트가 있는 경우에는 항상 강모음에 있다.

짧은 음에서 두 개 이상의 모음을 노래할 경우, 모음 사이를 똑같은 박으로 나누어 불러도 된다. 하지만 음이 길 경우에는, 하나의 모음을 선택하여 그 음절의 주 발음으로 삼는다. 음가의 대부분을 선택한 그 모음으로 채우고 다른 모음은 음의 시작이나 끝머리에 재빨리 발음하며 이것은 특히 소유 대명사 mio, tuo, suo와 이들의 변형된 형태를 발음할 때 중요하다. 이태리 시에서는 연속되는 모음 빛 반모음을 한 음절로 간주한다. 이것은 그 모음들이 서로 다른 단어를 구성하고 있을때에도 마찬가지다. 예를들면 degli uomini 라는 프레이즈에서 [iwɔ]발음은 한 음절로 생각하며 따라서 한 음으로 노래한다.

상승 이중모음	ia, ie, io, iu, ua, ue, uo, ui
하강 이중모음	ai, ei, oi, au, eu

1) 상승 이중모음은 약모음+강모음 순서로 조음된다.

ia	piano, gloria,
iu	fiume, chiuso,
ua	guasto, guancia
ui	guida, suino

2) 상승 이중모음 ie, io, ue, uo에 악센트가 있는 경우에는 소를 제외하고 e 와 o 는 항상 열린 모음이다.

ie	chiesa, cielo
io	pioggia, viola
ue	fluente, guerra
uo	uomo, cuore

3) 하강 이중모음은 강모음+약모음 순서로 조음되며 dirai, farai, lei, sei, poi, poiche, fausto, aurora, feudo, euforico

ai	chiesa, cielo
ei	pioggia, viola
oi	fluente, guerra
eu	uomo, cuore
eu	feudo, euforico

4) 이중모음이 아닌 경우
자음의 음가를 위하여 모음이 연접한 다음과 같은 경우에는 엄격하게 따지면 이중모음이라 칭하지 않으나 발음할 때는 하나의 음절로 발음한다.

qua	que	qui	quo	quello
cia	cie	cio	ciu	calcio
gia	gie	gio	giu	gioia
scia	scie	scio	scui	sciopero
glia	glie	glio	gliu	figlio

5) 분절음 : 2개 이상의 모음을 따로 발음하는 것

① 강모음(a, e, o)끼리 연접하는 경우, 이중모음이 아니므로 음절을 분해할 수 있다.
paese [pa-e-se], maestro [ma-e-stro] poeta [po-e-ta]

② 강모음+약모음, 약모음+강모음, 약모음+약모음의 조어에서 약모음에 악센트가 있을 때, 이중모음이 아니므로 분절한다.
paùra [pa-u-ra], simpatìa [sim-pa-ti-a], zìo[zi-o],]mìo [mi-o]

③ ri-, re-, bi-, tri- 등과 같은 접두어가 모음으로 시작하는 명사과 결합될 때, 이중모음이 아니므로 분절한다.
zialzare [zi-al-za-re], reagire [re-a-gi-re], biennale [bi-en-na-le], triennio [tri-en-nio]

6) 이중모음, 삼중모음 : 2개 이상의 모음을 한꺼번에 발음하는 경우
mia, mio, vedra, sai, credi, o → cre-dio
aprimi il petto → a-pri-miil-pet-to
scritto in core → scrit-toin-co-re

7) 삼중모음 : 대개는 두 개의 약모음과 하나의 강모음으로 이루어져 한 단어에 나란히 붙어 있는 경우 역시 단음절이며 분리하지 않는다.
miei, tuoi, suoi, puoi, noia

8) 연음 : 자음 + 모음을 연속해서 발음하는 경우
un infedel → u-nin-fe-del
non èamore → no-nèa-mo-re

9) 모음 생략 : 앞단어의 끝모음과 뒷단어의 앞모음이 충돌할 때 앞모음을 지우고 (')를 붙인다.
lo amico → l'amico

10) 모음 소멸 : 모음 + l,m,n,r(+모음)을 소멸하는 경우
core → cor   essere → esser   amore → amor
pure → pur   timore → timor

4. 자음
1) 이탈리아어의 자음은 **b, c, d, f, g, h, l, m, n, p, q, r, s, t, v, z** 이며 기본적으로 쓰인대로 발음한다.

b		[b]	banca
c	+ e, i	[ʧ]	cena, cinema
	+ a, o, u	[k]	mercato, come, cuore
	+ h + e, i	[k]	che, chiaro
d		[d]	dito
f		[f]	firenze
g	+ e, i	[ʤ]	gelato, giorno
	+ a, o, u	[g]	gatto, gonna, gusto
	+ h + e, i	[g]	spaghetti, ghiaccio
gl	+i	[gl]	inglese
		[λ]	famiglia
gn	+a, e, l, o, u	[ɲ]	campagna, bagno, signora
h		[Ø]	hotel
l		[l]	latte
m		[m]	mare
n		[n]	notte
p		[p]	padre
pf		[f]	alfabeto
q		[k]	quando

qqu		[k]	soqquadro
cqu		[kw]	acquario
r		[r]	bravo
s		[s]	sale
		[z]	casa
sc	+ e, i	[ʃ]	scena, scimmia
	+ a, o, u	[sk]	scala, tedesco, scusi
	+ h + e, i	[sk]	schema, tedeschi
t		[t]	teatro
v		[v]	vino
z		[dz]	zanzara
		[ts]	zitto

	유성음	무성음
입술음	b, m, v	f, p
치음	d, n, s, z	s, t, z
설음	l, r	
구개음	c, g, gl, gn	sc
후음	g, gh	c, ch, q

2) 자음 's'의 발음
s 는 무성음 [s], 유성음 [z] 로 발음할 수 있다.
다음과 같이 정리하며 사전에서 확인하는 것을 기본으로 한다.

① [s]로 발음되는 경우
· 단어 처음에 위치하고 그 뒤에 바로 모음이 있을 때 (ex. sale)
· 자음 다음에 올 때 (ex. borsa)
· s가 두 번 겹칠 때 (ex.rosso)
· 다른 자음(l, n, r) + s 일 때 (ex. corso)
· 무성자음(p, f, c, q, t) 앞에 위치할 때 (ex. scala)

② [z]로 발음되는 경우
· 모음과 모음 사이에 있을 때 (ex. casa, rosa)
· 유성자음(d, b, g, l, m, n, r, v) 앞에 위치할 때
  (ex. sdegno, sbaglio, snello, sguardo)

3) 자음 'z'의 발음
z 는 무성음 [ts], 유성음 [dz] 으로 다르게 발음한다.
다음과 같이 정리하며 사전에서 확인하는 것을 기본으로 한다.

① [ts]
· z 뒤에 ia, ie, io가 오는 경우
  (ex. venezia, grazie, lezione, stazione)
· -anza, -enza, -ezza로 끝나는 경우
  (ex. vacanza, stanza, bellezza)
· -zz인 경우 (ex. pazzo, pizza, piazza)
· zitto, calze, forza, lungezza

② [dz]
· z 가 단어 첫 머리에 올 때
  zaino, zero, zoo, zona, zaiono, zebra, zucchero
· 어미가 접미사 -izzare, izzazione로 끝난 경우
  analizzare, organizzare, zanzara
· romanzo, mezzo

③ 북이탈리아[ts] : zucchero [dzukkero]
　　남이탈리아 : zucchero [tsukkero]

④ z로 시작하는 단어와 –zz- 인 경우에는 거의 모두 [dz, ㅈ]로 발음하고 나머지는 [ts, ㅉ]로 발음한다. 여기서 [ts]의 발음은 ㅉ와 ㅊ의 중간음에 가깝다.

4) 자음 'n'의 발음
① [ŋ]으로 발음되는 경우
n 다음 후음 c, g, q 가 올 때
(ex. bianco, ancora, sangue, unghia, lingua, vengo)

② [m]으로 발음되는 경우
n 다음에 순음 p, b와 순치음 f, v가 올 때
(ex. un bambino, un poco, un vaso)

5) 자음 'h'의 발음
h는 자음이기는 하나, 음가를 갖지 않기 때문에 발음되지 않지만 예외적으로 c, g, sc의 자음이 모음 e, i를 만났을 경우에는 발음된다.

ho	hai	ha	chi	che	ghe	ghi	schì
[oh]	[ai]	[ah]	[ki]	[ke]	[ge]	[gi]	[ski]

6) 중복되는 자음의 발음
-bb-, -ff-, -ll-, -mm-, -nn-, -pp-, -ss-, -tt-
이태리어 중 이중자음은 강하고 뚜렷하므로 이중자음을 모두 발음해주어야 한다.
mamma, nonno, dubbio, affatto, tutto

이중자음의 경우 두 번 발음되는 소리는 반드시 지켜주어야하며 이를 어길 경우 뜻이 달라지는 경우도 있다.
capello 머리카락　　　cappello 모자

7) c, p, t 등의 발음
모음 a, o, u 앞에 오는 자음 'c'와 자음 'p', t'는 개인과 지역에 따라 강약의 차이가 있으나 각각 'ㄲ, ㅃ, ㄸ'의 소리를 지닌다. 우리말 표기법은 외국어의 된소리 표기를 허용하지 않으므로 우리말로 표기할 때에는 'ㅋ, ㅍ, ㅌ' 등을 사용한다. Tosca 토스카

8) 모음 사이에 있는 l의 발음 : 양쪽의 모음에 모두 걸린다.
invidiabile fedele

9) r의 발음
① 단어의 앞에 위치하거나 단어 중간에서 중복(rr)될 때 'ㄹ'의 떨림음이 나타난다. Rossi Arrivare

② 단어의 중간에서 중복되지 않을 경우 단순하게 발음한다.
carne brutto caro drama caro mio ben 에서 carro는 caro와 별개의 뜻(수레)을 지닌 단어이다.

10) s가 두 번 겹칠 경우 두 번 모두 발음해준다. passione sasso

11) s 다음에 자음이 오면 s가 두 개인 것처럼 발음한다. E strano

5. 악센트
1) 악센트의 종류

① accento grave(`)
개음을 나타내는 동시에 마지막 모음이 개음일 경우 필연적으로 붙여서 사용한다.
città 도시　　　　　　　università 대학교

② accento acuto(´)
폐음을 나타냄과 동시에 마지막 모음이 폐음일 경우 필연적으로 붙여서 사용한다.
perché 왜　　　　　　　beneché 비록 ~일지라도

③ 마지막 모음에 악센트가 붙는 단어는 부호가 붙은 그대로 암기하여 사용한다.
città(○)　　　　　　　citta(×)

④ 곡절기호(ˆ)
현재 잘 사용하지 않으나, 시에 있어서 낱말의 축소를 필요로 할 때 사용한다. amâr = amarono

2) 악센트의 위치
이탈리아어는 단어의 끝이 항상 모음으로 끝나며 대부분 악센트는 끝에서 두 번째 모음에 있다. (맨 끝에 오는 경우 > 끝에서 세 번째 오는 경우 > 가혹 끝에서 네 번째 오는 경우)

① 거의 모든 단어들은 끝에서 두 번째 음절에 악센트가 있다.
domanda

② 소수의 단어들로써 끝에서 세 번째 음절에 악센트가 있다.
polipo

③ 극소수의 단어들이 끝모음에 악센트 부호가 붙는 경우가 있다.
Caffè

④ 주로 동사변화에 따라 파생된 단어 중 끝에서 네 번째 오는 모음이 있다.
studìono

⑤ 같은 단어 다른 뜻 : 악센트의 위치에 따라 뜻이 달라지는 경우가 있다.
pàpa, papà

6. 음절
모음은 하나만 있어도 음절을 형성할 수 있지만 자음은 반드시 모음을 동반해야한다.

1) 모음 하나, 혹은 자음 하나에 모음 하나
anima [a-ni-ma]

2) 2중, 3중 모음은 한 음절로 발음한다.
cielo [cie-lo]

3) 서로 분리되는 모음은 두음절로 발음한다.
mio [mi-o]

4) 자음이 중복될 때
① 같은 자음이 중복될 때는 하나씩 나눠서 두음절로 나눠야 한다.
bella [bel-la]

② 서로 다른 자음이 겹칠 때도 음절을 나눠야한다.
biano [bian-co]

③ l, m, n, r 앞에 모음이 오고 뒤에는 자음이 올 경우 l, m, n, r은 모음과 결합한다. angela [an-ge-la]

④ 그러나, l, m, n, r 앞에 자음이 오고 뒤에는 모음이 오는 경우 l, m, n, r은 뒤의모음과 결합한다. duplicare [du-pil-ca-re]

⑤ s + 다른 자음이 오는 경우 s는 뒤의 자음과 결합한다.
studente [stu-den-te]

음악 용어

a piacere : 자유롭게, 임의로
a tempo : 현재의 빠르기로, 바뀌기 직전의 빠르기로(본디빠르기로) 되돌아간다.
accel. = accelerando : 점점 빠르게
adagio : 느릿하게, 안단테와 라르고 사이의 빠르기
affettuoso : 애정 깊게, 상냥하게
allarg. = allargando : 음을 강하게하면서 점차 느리게,크레셴도하면서 빠르기를 늦춘다.
allegretto : 조금 빠르게, 안단테와 알레그로 사이의 빠르기
allegro : 쾌속으로, 활발하게
andante : 걷는 빠르기로, 아다지오와 알레그레토 사이의 빠르기
andante moderato molto espressivo : 보통 빠르기로 매우 표정 풍부하게
andantino : 안단테보다 조금 빠르게
appassionato : 열정적으로, 격렬하게
assai : 아주, 극히

ben : 충분히, 정확하게
ben portando la voce e molto espressivo : 목소리를 충분히 옮겨서 매우 표정 풍부하게
basso : 베이스, 저음
brillante : 화려하게, 빛나게

calando : 점점 느리게 그리고 점점 여리게 (rit. =dim.)
cantando : 노래하듯이, 칸타빌레와 거의 같음
col canto : 노래를 따라
colla voce : 목소리와 함께, 노래를 따라
con : ~와, ~와 함께
con brio : 쾌활하게, 생기있게
con delicatezza e legato : 섬세하게 그리고 매끄럽게
con dolore : 슬픔을 담아
con grande espressione : 큰 표정을 가지고
con grazia : 우아함을 가지고, 부드러움을 가지고
con moto : 움직임을 붙여서, 조금 빠르게
con molta semplicitàed eleganza : 매우 단순하게 그리고 우아하게

cresc. =crescendo : 점점 세게

deciso : 결연히, 분명히
decresc. =decrescendo : 점점 여리게
delicatezza : 섬세, 부드러움
dim. =diminuendo : 점점 여리게
dolce : 감미롭게, 부드럽게, 우아하게
dolciss. =dolcissimo : 매우 우아하게
dolcissimo e legato sempre : 매우 우아하고 항상 매끄럽게
dolente : 슬프게, 괴롭게

e (ed) : 그리고 (이어지는 어두가 모음인 경우는 ed가 된다)
eleganza : 우아, 고상함
espressione : 표정, 표현
espress. =espressivo : 표정 풍부하게, 감정을 넣어서

giusto : 정확하게
grande : 큰, 광대한, 장대한
grazioso : 우아하게

il basso legato e cantando : 저음은 부드럽게 그리고 노래하면서
imitando : 모방해서
imitando il canto : 노래를 모방해서
in tempo : 정확한 박자로

largamente : 여유있게, 널찍하게, 충분히
larghetto : 라르고보다 조금 빠르게
largo : 폭넓게, 느슨하게
legatissimo : 매우 부드럽게
legatissimo e un po' pesante : 매우 부드럽게 그리고 조금 무겁게 (po'=poco 의 준말)
legatio : 부드럽게
leggiero : 경쾌하게
lentamente : 느리게
lento : 느슨하게, 느리게

meno mosso : 조금 느리게
moderato : 보통빠르기로, 안단테, 알레그로 사이의 빠르기
molto : 매우

morendo : 점점 느리게, 사라지듯이
m. s. = mano sinistra : 왼손

pesante : 무겁게, 중후하게
più : 더욱, 한층
poco : 조금
poco a poco : 조금씩, 점차

quasi : 대개, 거의
quasi a piacere : 거의 자유롭게

rall. = rallentando : 점점 느슨하게
religioso : 경건하게, 종교적으로
rinf. = rinforzando : 그 음을 특히(또는 급격히) 세게. rf.나 sf.도 같은 뜻
risoluto : 결연히, 단호히
rit. = ritard. = ritardando : 점점 느리게
rit. con grazia : 우아함을 가지고 점점 느리게
riten. = ritenuto : 갑작스럽게 빠르기를 느슨히 한다

semplicità : 단순함, 소박함, 꾸임이 없음
sempre : 항상, 끊임없이, 변함없이
senza : ~ 없이
senza trascinare : 끌지 말고
simile : 마찬가지로, 전과 같이
smorz. = smorzando : 점점 느리게, 사라지듯이
stent. = stentando : 지연시키면서, 점점 느리게, 무겁게
stretto : 빠르기를 증대시켜, 긴장감을 가지고

Tempo I = Tempo primo : 곡 처음의 빠르기로
ten. = tenuto : 음을 유지해서
tranquillo : 조용하게
tratt. = trattenuto : 억제해서, 자제해서

un poco : 조금
un poco meno mosso : 조금 늦추어서

vivace : 활발하게, 빠르게
voce : 목소리

편저자 | 정수현

선화예술중 · 고등학교
이화여자대학교 · 동대학원
프랑스 파리 에꼴노르말 음악원 Artist Diploma
아름출판사 〈이탈리아 가곡 30선〉 편저자

이탈리아 가곡 30선

ARIE ANTICHE

E COMPOSIZIONI
DA CAMERA ITALIANE

발 행 일 2024년 6월 10일
발 행 처 아름출판사
주   소 경기도 고양시 덕양구 독곶이길 171(주교동)
         http://www.armusic.co.kr
전   화 (031)977-1881~2(영업부)
         (031)977-1883~4(편집부)
팩   스 (031)977-1885
등   록 1987년 12월 9일 제2001-7호

판 권
AR
소 유

발 행 인 성강환
편 저 자 정수현
편 집 인 편집부

본 도서는 무단 복사, 전재할 수 없음(파본은 교환해 드립니다)

ISBN 978-89-8377-999-1   13670